KEIRA FLEUR Flower Course

KEIRA FLEUR Flower Course

keira

케이라플레르 플라워 코스

케이라플레르 김애진 플로리스트의 플라워 클래스

김애진 지음

Hans Media

프롤로그

오래전부터 케이라플레르의 플라워 클래스를 책으로 담고자 생각해왔지만 막상 결심을 굳히고 원고를 쓰기 시작한 것은 2017년 겨울이었어요. 그동안 케이라플레르(KEIRA FLEUR)라는 플라워 아틀리에를 운영하며, 많은 분들에게 넘치는 사랑과 응원을 받았기에 항상 감사한 마음입니다.

케이라플레르의 시작부터 지금까지 수많은 분들이 오프라인 클래스에 함께해주고 계시지만, 그보다 훨씬 더 많은 분들이 시간과 장소 등의 제약으로 클래스를 접하지 못하고 계신다는 것을 잘 알고 있기에 내내 아쉬운 마음이었는데요, 그래서 이 책을 통해 꽃을 배우고 싶은 분들, 꽃을 배웠지만 조금 더 체계적이고 깊이 있게 플라워 디자인을 접하고자 하는 분들에게 도움이 될 내용을 전하고자 3년이라는 시간 동안 준비했습니다. 특히 책에 실린 모든 내용을 플로리스트의 시선과 관점에서 보여주고 싶어 사진 모두를 케이라플레르에서 직접 촬영을 했답니다.

원고를 정리하며 지난 17년간 플로리스트로 살아온 저 자신의 인생도 함께 돌아보니 정말 다사다난했던 것 같아요. 꽃 일을 하다 보면 다치거나 고된 일도 많고, 하루하루가 다르게 변하는 트렌드 속에서 자신만의 감각을 작품에 담아내며 정체성을 만들어 가야 합니다. 저 또한 창업 당시의 스타일만 유지하며 현실에 안주했었다면 지금의 케이라플레르는 분명 없었을 거라고 확신하고 있어요.

독자들이 이 책에서 접하게 될 작품들은 최근의 케이라플레르에서 볼 수 있는 새로운 디자인을 중심으로 담았습니다. 핵심 이론과 테크닉 등 꽃을 다루는 기본기는 변하지 않아도 이를 응용한 작품의 디자인이나 컬러 조합 등은 변화의 속도나 베리에이션이 무궁무진하죠. 그렇기 때문에 플로리스트는 항상 변해가는 흐름을 읽고, 다양한 작품을 배우고 접하며, 자신의 개성을 트렌드에 반영하는 것이 중요합니다. 몇 년 전에 인기 있었던 플라워 디자인과 지금 사랑 받고 있는 디자인이 다르다는 점에는 많은 플로리스트분들이 공감하실 거예요. 게다가 변하는 건 꽃뿐만이 아니에요. 음악, 영화, 패션, 인테리어 등 대부분의 문화 예술 분야는 매일이 다르고, 사람들의 취향도 계속해서 변해요. 이를 인지하고 언제나 성장을 멈추지 않는 것이 꽃을 다루는 프로페셔널의 자질이라고 생각합니다.

그래서 이 책에서는 변하지 않는 탄탄한 기본기와 더불어 새로운 트렌드를 반영한 디자인을 모두 담아내기 위해 노력했어요. 플라워 스타일에 정답은 없지만 더 아름다운 작품을 만들기 위한 방향성은 언제나 있다고 생각합니다. 이 책을 통해 꽃을 좋아하는 많은 분들이 실력을 더 탄탄하게 키우고, 자신만의 플라워 디자인을 완성하는 데 조금이나마 도움이 되기를 바랍니다.

수년 전부터 책을 기다리고 응원해준 모든 케이라플레르 학생들에게 고맙다는 말을 꼭 하고 싶어요. 그리고 2017년 12월부터 오랜 기간 원고 작업에 함께해준 한스미디어의 노고와 배려에도 감사드립니다. 저의 이야기를 아름다운 한 권의 책으로 디자인해주신 형태와내용사이에도 감사드려요. 그리고 식사도 거를 정도로 바쁘게 사는 제 일상을 늘 걱정하며 챙겨주는 가족들은 그 존재만으로도 큰 힘이 된다는 말을 전하고 싶어요.

마지막으로, 여러 어려운 여건 속에서도 자신의 꽃을 통해 아름다움을 만들어가는 모든 플로리스트들에게 깊은 존경과 감사의 마음을 전합니다.

차례

4   프롤로그

1장 기초 이론 *Basic Lesson*

16   **1. 화훼 장식의 도구와 부재료**
       자르는 도구 / 부재료

18   **2. 절화의 수명 연장법**
       컨디셔닝 / 수분 흡수 / 절화 보존제 / 환경 조절

22   **3. 꽃의 형태적 분류**
       매스 플라워 / 폼 플라워 / 필러 플라워 / 라인 플라워

24   **4. 화훼 장식품의 제작 기법**
       밴딩 / 바인딩 / 클러스터링 / 그루핑 / 파베 / 레이어링 / 섀도잉

2장 스타일별 작품 디자인 *Flower Arrangement*

1. 핸드타이드 꽃다발과 포장 *Hand-tied Bouquet & Packaging*

32   핸드타이드 꽃다발의 이해
34   라운드 핸드타이드 부케 *Round Bouquet*
50   파리지엔 부케 *Parisien Bouquet*
64   내추럴 와이드 부케 *Natural Wide Bouquet*

KEIRA FLEUR Flower Course   Contents

2. 웨딩 부케 *Bridal Bouquet*

74   웨딩 부케의 이해

76   히아신스 라운드 부케 *Hyacinth Round Bouquet*

84   수선화 오트 쿠튀르 부케 *Daffodil Haute Couture Bouquet*

92   티어드롭 부케 *Teardrop Bouquet*

100 러스틱 부케 *Rustic Bouquet*

3. 화병 꽂이 *Vase Arrangement*

108 화병 꽂이의 이해

110 그리드 기법 화병 꽂이 *Grid Technique*

118 침봉과 치킨망을 활용한 화병 꽂이 *Frog & Chicken Wire Technique*

4. 꽃바구니 *Flower Basket*

126 꽃바구니의 이해

128 호보백 플라워 바스켓 *Hobo Bag Flower Basket*

138 내추럴 가든 바스켓 *Natural Garden Basket*

5. 센터피스 *Centerpiece*

148 센터피스의 이해

150 플라워 케이크 *Flower Cake*

160 미니 내추럴 센터피스 *Mini Natural Centerpiece*

168 수평형 내추럴 센터피스 *Horizontal Natural Centerpiece*

178 대형 언화기 프론트 페이싱 *Front Facing Urn Arrangement*

KEIRA FLEUR Flower Course   Contents

3장 공간 스타일링 *KEIRA's signature design for space*

192	**공간 스타일링의 이해**
194	호박 센터피스 *Pumpkin Centerpiece*
204	촛대 장식 *Candle Labra*
216	꽃 폭포 테이블 데커레이션 *Flower Waterfall Table Decoration*
222	디저트 플레이트를 이용한 테이블 스타일링 *Dessert Plate Table Styling*
228	미모사 행잉 꽃 구름 *Flower Cloud Hanging Decoration*
234	웨딩 아치 *Wedding Arch*

KEIRA FLEUR Flower Course Contents

4장 케이라플레르 이야기 *The Story of KEIRA FLEUR*

1. 케이라플레르의 색채 조합 *Color Combination*

- 242　케이라플레르의 색채 조합과 디자인
- 245　케이라플레르가 가장 좋아하는 컬러는?
- 250　컬러마다 특히 예쁜 조합이 있을까?

2. 플로리스트의 삶 *The Life of the Florist*

- 258　케이라플레르 히스토리
- 272　예비 플로리스트들에게 하고 싶은 말
- 278　플로리스트의 취미 생활
- 284　마지막으로 전하는 말

※이 책의 2장에 실린 작품을 QR코드를 통해 영상으로 볼 수 있습니다.

1장

기초 이론
Basic Lesson

KEIRA FLEUR Flower Course *Basic Lesson*

1. 화훼 장식의 도구와 부재료

꽃을 다루기 위해서는 작업에 적합한 도구와 부재료가 필요하다. 각 도구와 부재료의 정확한 명칭과 용도를 확인하고 작업에 활용하도록 한다.

자르는 도구

꽃가위 :　　　꽃이나 식물의 가지, 철사 등을 자를 때 사용한다.

가시 제거기 :　꽃, 소재의 줄기의 가시를 제거할 때 사용한다.

부재료

접착 테이프(방수 테이프) : 플로랄 폼이나 철망을 고정할 때 사용한다.

플로랄 테이프 : 코르사주나 부케를 만들 때 와이어 위에 감아서 사용한다. 플로랄 테이프는 잡아당겨 늘려서 사용해야 접착하기 수월하다.

노끈 :　기능적으로 꽃다발을 묶을 때 사용한다. 장식적으로 포장 후 사용하기도 한다.

철사 :　꽃줄기 또는 잎을 튼튼하게 고정하기 위해 사용한다. 재료의 크기, 무게, 용도에 따라 #18~#30 중 규격을 잘 선택해야 한다. 숫자가 작을수록 두껍다. #18 와이어는 무게감이 있고 단단한 소재에 사용하고, 리시안셔스처럼 가는 꽃은 보통 #26번을 사용한다.

침봉 :　나뭇가지나 꽃의 줄기를 침봉에 꽂아 고정하기 위해 사용한다. 일반적으로 얕은 수반에 사용하며 굵은 가지를 고정할 때에도 단단하게 세울 수 있어 편리하다.

치킨망(철망) : 철망을 용기 속에 구겨 넣어 꽃과 가지를 고정하는 용도로 사용한다.

플로랄 폼 :　물이 담긴 용기에 플로랄 폼을 넣어 누르지 말고 저절로 가라앉게 두었다가 꺼내서 원하는 용기에 알맞은 사이즈로 잘라 세팅한다. 꽃을 꽂은 후에는 플로랄 폼이 마르지 않도록 매일 물을 보충하여 관리한다.

KEIRA FLEUR Flower Course *Basic Lesson*

KEIRA FLEUR Flower Course　　　　　　　　　　　　　　　　　　　　　　　　　*Basic Lesson*

2. 절화의 수명 연장법

꽃이나 꽃봉오리를 줄기와 함께 잘라낸 것을 절화라고 한다. 절화는 식물과는 달리 뿌리가 없어 스스로 양분을 흡수하지 못한다. 따라서 신선한 상태로 유지되는 절화 수명*이 짧은 편이다. 어떻게 관리하느냐에 따라 꽃의 절화 수명을 연장할 수 있기 때문에 적절한 환경과 조건을 만들어 주는 것이 중요하다.

컨디셔닝

절화는 줄기의 절단면을 통해 수분 흡수를 하는 것이 어렵기 때문에 광합성을 위한 최소한의 잎만 남기고 가시와 잎을 제거해주는 것이 좋다. 손상된 잎과 꽃은 제거하고, 줄기 절단 시 사선으로 잘라 물에 꽂아준다. 물에 꽂을 때는 잎이 물속에 잠기지 않도록 주의한다. 잎이 물에 잠기게 되면 박테리아와 미생물이 증식하고 유해 물질의 부패로 인해 에틸렌가스(노화촉진호르몬)가 나와 절화의 노화가 촉진될 수 있다.

수분 흡수

컨디셔닝 이후에 가장 신경써야 할 부분은 수분 흡수이다. 절화의 관리에서 가장 중요한 점은 절단 부위를 건조하게 만들지 않는 것이다. 절단 즉시 절화를 물속에 담가서 물을 충분히 올리는 것이 중요하다. 물속에서 절화를 꺼낼 경우 공기와 접촉되기 때문에 다시 물에 넣을 때는 재절단 후에 넣어야 한다. 절화의 수분 흡수를 저해하는 원인은 다음과 같다.

① 꽃을 자르고 한동안 물올림을 하지 않아 도관**에 공기층이 형성되어 수분의 흡수를 막는 경우
② 꽃을 자를 때 나오는 유액에 의해 도관이 막혀 수분 흡수가 되지 않는 경우
③ 물을 갈아주지 않아 미생물이 증식하여 도관을 막는 경우

* 절화 수명 : 꽃을 자른 후에 물에 꽂아서 감상하는 기간을 말한다.
** 도관 : 식물에서 물의 통로 구실을 하는 조직, 줄기 등이 해당한다.

물속 자르기

탄화 처리

열탕 처리

식물의 수분 흡수를 촉진하는 방법

물속 자르기 : 줄기를 물 안에 담근 상태에서 직접 잘라주면 도관에 공기가 들어가는 것을 막아 수분이 빠르게 흡수된다.

탄화 처리 : 클레마티스처럼 아주 가는 줄기나 나뭇가지의 경우 줄기 끝을 2cm 정도 납작하게 빻은 후 빻아진 부분을 5초 정도 태운다. 이렇게 하면 줄기의 잘린 면이 소독되어 부패를 막고, 가열에 의해 팽창된 수분의 압력이 식물의 조직 속에 들어가 기포나 공기층의 형성을 막아준다. 태운 후 바로 찬물에 넣어준다.

열탕 처리 : 70~80℃의 물에 줄기를 5cm 정도 잠기게 한 다음 7~10분이 지난 후 찬물에 넣어준다. 이때 물의 증기가 꽃 얼굴에 닿지 않도록 윗부분을 신문지에 잘 말아서 넣는다. 초화류에 효과적으로 가장 많이 사용하고 있는 방법이다.

절화 보존제

절화 보존제란 절화의 수명 연장을 위한 당, 살균제, 에틸렌 발생 억제제, 생장 조절 물질, 무기질 등을 함유한 제품이다. 화병 꽂이를 할 때는 절화 보존제를 넣어 관리하는 것이 좋다.

환경 조절

① 온도
꽃의 수명은 온도에 가장 많은 영향을 받는다. 고온에서는 식물의 호흡이 촉진되어 탄수화물의 소모가 많아지고 수분 증발량이 많아져 수분 부족 현상이 일어나며, 미생물의 번식이 증가한다. 반면 저온에서는 호흡, 에틸렌 발생이 억제되어 꽃의 수명이 길어진다. 절화는 0~15℃의 사이의 온도에서 관리하는 것이 좋다. 일반적으로 꽃 냉장고의 온도는 10℃ 안팎으로 맞추어 사용한다.

② 빛(광도)
절화도 광합성을 할 수 있도록 광도를 조절해주는 것이 좋다. 빛이 부족할 경우 조명 등을 이용해 인공적으로 맞추어준다.

③ 공중 습도
공중 습도와 기온이 높으면 꽃이 썩기 쉽고, 공중 습도가 낮으면 시들기 쉽다. 공중 습도는 80~90% 정도가 적당하다.

④ 물
절화에 쓰는 물은 항상 깨끗하게 관리하며 기온과 비슷한 온도를 사용하는 것이 좋다.

⑤ 물리적 손상
줄기가 손상되면 꽃의 상품 가치도 떨어진다. 또한 병원균의 침입이 쉬워지고 에틸렌가스의 발생이 증가하므로 가시 제거 시 줄기가 손상되지 않도록 주의한다.

3. 꽃의 형태적 분류

매스 플라워(Mass Flower, 덩어리 꽃)
작품에서 무게감과 안정감을 주기 위해 사용되는 꽃으로, 대부분 스탠다드 형태이다. 장미, 라넌큘러스, 카네이션, 거베라, 국화 등이 있다.

폼 플라워(Form Flower, 형태 꽃)
꽃의 모양이 독특하고 사이즈도 대체로 큰 편이다. 존재감이 크기 때문에 작품에서 포인트가 된다. 해바라기, 호접난, 안스리움, 아마릴리스, 칼라, 튤립, 포인세티아 등이 있다.

필러 플라워(Filler Flower, 채우기 꽃)
줄기 하나에 여러 마디로 가지가 뻗어 있는 스프레이 타입의 꽃들로, 주로 빈 공간을 메워주는 역할을 한다. 라이스플라워, 소국, 미니 장미, 부바르디아, 왁스플라워 등이 있다.

라인 플라워(Line Flower, 선형 꽃)
긴 줄기나 길고 좁은 형태를 띠고 있으며, 대체로 수상화서*로 된 꽃을 말한다. 보통 작품의 골격과 외곽을 만드는 데 사용한다. 만드는 작품에 따라 곧은 라인과 굽은 라인 중 적절하게 선택하여 제작한다. 조팝나무, 설유화, 델피니움, 글라디올러스, 스토크, 금어초, 리아트리스, 스위트피 등이 있다.

---

* 수상화서 : 한 개의 긴 꽃대 둘레에 여러 개의 꽃이 이삭 모양으로 피어 가지에 붙어 있는 상태를 말한다.

4. 화훼 장식품의 제작 기법

밴딩(Banding)

장식을 목적으로 작품을 묶을 때 질감과 색감을 부여해서 시각적으로 아름답게 보이도록 한다. 사람이 반지나 팔찌를 끼는 것과 같다.

바인딩(Binding)

작품을 기능적으로 묶는 것을 바인딩이라고 한다. 바인딩 재료로는 접착 테이프, 바인드 와이어, 노끈 등이 있다. 케이라플레르에서는 꽃의 양이 많은 꽃다발을 제작할 때는 노끈을 사용하고 부피가 작은 웨딩 부케를 만들 때는 접착 테이프를 사용한다.

밴딩

바인딩

클러스터링(Clustering)

비슷한 느낌의 소재를 그룹으로 분류하는 기법을 통틀어 이르는 말이다. 꽃의 풍성함을 강조하기 위해 빈 공간이 없도록 작은 소재들로 빽빽하게 꽂는 것을 말한다. 시각적인 색감이나 질감을 강조할 때 사용하며, 하나의 다발을 만들 듯이 빼곡하게 꽂는다. 주로 큰 작품을 만들 때 효과적인 방법으로, 클러스터링 기법을 사용하면 작은 소재들도 큰 뭉치로 표현할 수 있다.

클러스터링을 이용한 디자인

KEIRA FLEUR Flower Course *Basic Lesson*

그루핑(Grouping)
같은 소재들끼리 모아 분류해놓는 것을 의미한다. 서로 비슷한 꽃과 색상 또는 모양을 함께 모아 큰 집단을 만든다. 여러 소재들 사이에서 꽃을 분류하고 정돈하여, 소재들을 각각 더욱 돋보이도록 한다. 클러스터링과 달리 각각의 그루핑과 그루핑 사이에 넉넉한 공간을 가지도록 해야 한다. 보통 같은 꽃끼리 두 개 또는 세 개씩 모아 약간의 높낮이를 주어 구성한다. 분산 배치하는 것보다 눈에 띄게 표현이 가능하다.

파베(Pave)
보석 디자인에서 유래한 용어로, 다이아몬드와 같은 보석을 빽빽하게 부착하듯이 꽃을 빽빽하고 고르게 배치하여 정리한 디자인을 말한다. 소재의 질감을 강조하고 싶을 때 사용하는 방법이다. 주로 플라워 케이크나 플라워 박스처럼 섬세한 작품을 만들 때 사용한다. 얼굴이 작은 꽃들을 활용하면 보석 같은 느낌을 줄 수 있다.

그루핑을 이용한 디자인

파베를 이용한 디자인

레이어링(Layering)

납작한 소재를 화기의 아래에서부터 한 겹 한 겹 겹쳐 쌓는 것을 말한다. 주로 같은 소재를 활용해 디자인하는 경우가 많다. 소재의 크기와 깊이에 따라 다양한 스타일링이 가능하다.

레이어링을 이용한 디자인

KEIRA FLEUR Flower Course　　　　　　　　　　　　　　　　　　　　*Basic Lesson*

섀도잉(Shadowing)
작품에 깊이감이나 입체감을 주기 위한 기법으로 같은 재료를 바로 그 뒤에 배치하는 기법이다. 마치 그림자가 거울에 비친 것 같은 느낌으로 깊이감을 표현할 수 있다.

섀도잉을 이용한 디자인

2장

스타일별 작품 디자인

Flower Arrangement

1.
핸드타이드 꽃다발과 포장
Hand-tied Bouquet & Packaging

핸드타이드 꽃다발의 이해

핸드타이드 부케(Hand-tied Bouquet) 또는 핸드타이드 꽃다발은 여러 종류의 꽃을 조화롭게 구성하여 하나의 다발을 만든 것으로, 축하나 애도용, 여러 이벤트에 보편적으로 사용되고 있다.
핸드타이드 꽃다발을 디자인할 때는 우선 꽃의 사용 목적에 따라 형태를 고려하고, 그에 알맞은 색상과 재료를 선택하도록 한다. 사진 촬영을 위한 용도라면 일방화가 좋고, 선물을 위한 용도라면 사방화로 제작하는 것을 추천한다. 케이라플레르에서는 일반적인 라운드 형태부터 비대칭 형태인 내추럴 꽃다발까지 다양한 형태의 꽃다발을 제작하고 있다. 꽃다발을 만들기 전에는 반드시 컨디셔닝 작업이 필요하다.

핸드타이드 부케 제작 테크닉

1. 패러렐 타이드 테크닉(Parallel, 병행 또는 병렬형)
소재의 줄기를 간단하게 묶어주는 방법으로, 모든 줄기를 나란히 같은 방향으로 묶어준다.

2. 스파이럴 타이드 테크닉(Spiral, 나선형)
꽃과 그린 소재를 손에서 묶어줄 때 일정한 각도로 넣어가는 방식이다. 줄기는 바인딩 포인트(Binding Point)* 지점에서 묶는다.
우선 줄기가 곧은 꽃 한 송이를 일자로 똑바로 잡은 상태에서 두 번째 꽃은 꽃의 얼굴을 왼쪽에 두고 줄기를 오른쪽으로 향하게 각도를 주어 잡는다. 세 번째 꽃도 같은 방법으로 꽃의 얼굴은 왼쪽, 줄기는 오른쪽으로 향하게 하여 같은 방향으로 일정하게 나선형으로 잡아가는 방법을 스파이럴 타이드 테크닉이라고 한다.

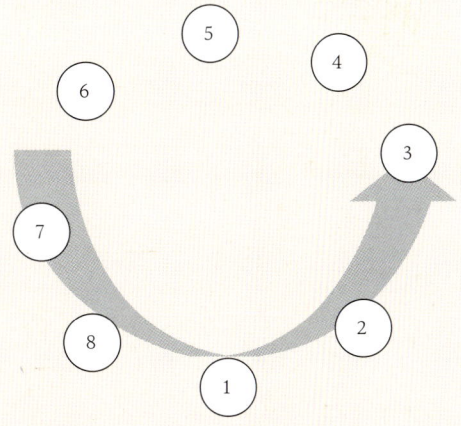

한 방향(시계 반대 방향)으로 순서대로 소재를 넣어 돌린다.

* 바인딩 포인트(Binding point, 매듭점) : 꽃다발을 만들 때는 바인딩 높이에 따라 사이즈 조절이 가능하다. 미니 꽃다발을 만드는 경우 바인딩 포인트를 높게 하고, 대형 꽃다발일수록 바인딩 포인트는 낮아진다.

KEIRA FLEUR Flower Course

Flower Arrangement　　　　　　　　　　　　　　　　　　　　　　　　*Round Bouquet*

라운드 핸드타이드 부케
Round Bouquet

꽃다발의 가장 기본적인 형태인 라운드 핸드타이드 부케이다. 라운드 핸드타이드 기법이 익숙해져야 다른 여러 가지 형태의 부케로도 응용이 가능하다.

이 꽃다발은 매스 플라워 2~3가지와 매스 플라워 사이를 채워줄 필러 플라워 2~3가지, 그리고 적절한 양의 그린 소재가 필요하다. 케이라플레르에서는 그린 소재를 2가지 이상 사용하는 것을 선호한다. 작은 꽃다발일 경우 그린 소재가 1가지만으로도 충분하기 때문에 꼭 2가지 이상의 소재를 사용할 필요는 없으나, 조금 더 다채로운 느낌을 원할 경우 다른 컬러의 소재를 선택하거나 열매가 달린 소재를 하나 섞어서 만들어보는 것을 추천한다.

꽃다발을 만들기 전에는 무엇보다 소재의 컨디셔닝을 깨끗하게 하는 것이 중요하다. 꽃다발을 물에 넣었을 때 꽃잎이 물에 닿지 않도록 꽃의 얼굴에서 한 뼘 아래에 있는 꽃잎과 가시는 모두 깨끗하게 제거한 뒤 작업한다. 컨디셔닝이 끝나면 같은 꽃들끼리 분류하여 책상에 가지런히 놓은 후에 꽃다발을 잡는 것이 편리하고, 컬러 조합도 잘 할 수 있다.

Round Bouquet

재료

장미(카푸치노) 2대
장미(캄파넬라) 2대
장미(이오리) 3대
카네이션 3대
잎안개 5대
클레마티스 3대

플록스 5대
여름 라일락 2대
홍화목 2대
유칼립투스(파블로) 1/2단

도구

꽃가위
노끈
가위
리본
포장지

물 처리 비닐
물 처리 티슈
바인드 와이어
태그
리본 가위

제작 과정

1. 꽃다발을 만들 때 손으로 잡고 있는 부분을 바인딩 포인트(Binding Point)라고 한다. 바인딩 포인트의 위치가 높을수록 작은 꽃다발이 만들어지며, 낮을수록 대형 꽃다발을 만들기에 좋다. 적당한 사이즈의 꽃다발은 꽃의 얼굴에서 한 뼘 반 정도 아래에 바인딩 포인트가 위치하도록 하고, 제작 과정에서 처음 잡았던 바인딩 포인트 위치를 변경하지 않도록 주의한다.

2. 기준으로 잡은 꽃을 중심으로 하여 꽃을 한 바퀴 돌려준다고 생각하고 기준 꽃 주위에 꽃들을 배치한다. 이때 스파이럴 테크닉(Spiral Technic)을 사용하는데, 스파이럴 테크닉이란 꽃의 줄기를 나선형으로 배치하여 모든 줄기가 같은 방향을 바라보도록 잡는 테크닉을 말한다. 꽃 얼굴은 왼쪽, 줄기는 오른쪽 방향이 되도록 기준 꽃 앞으로 줄기를 배치하여 잡는다. 반대 방향으로 줄기 방향이 들어가게 되면 줄기가 부러질 수 있으므로 주의한다.

3. 꽃 사이사이에 그린 소재들을 잘 섞어주면서 꽃을 배치한다. 한쪽에 너무 뭉치지 않도록 골고루 배치하는 것이 좋다. 그린 소재는 꽃다발을 풍성하게 해주고 꽃들의 얼굴 간격을 벌려주어 부케의 소재들이 자연스럽게 배치될 수 있도록 해준다.

4. 잎안개처럼 얼굴이 작고 잔잔한 꽃들은 가장 높게 올려서 배치한다. 잡은 꽃은 시계 방향으로 계속 돌려가면서 빈 부분을 앞쪽으로 배치하여 계속 넣어가도록 한다.

5 여러 소재를 사용하는 경우 하나씩 꽃을 배치하기보다는 같은 꽃끼리 2~3송이를 그루핑하여 좀 더 정돈된 느낌으로 표현한다. 여름 라일락을 그루핑하여 넣은 모습이다.

6 처음 잡았던 카푸치노 장미를 기준으로 하여 한 바퀴 동그라미를 그리며 꽃을 넣어준 모습이다. 위에서 봤을 때 원형이 되어 가는지 계속 살펴가면서 꽃을 넣어간다. 이때 모든 꽃의 높이를 모두 다르게 넣어야 자연스럽게 표현이 가능하다.

7 홍화목처럼 색감이 진한 소재는 아주 소량만 사용하는 것이 좋다. 진한 컬러의 꽃을 대량 사용하게 되면 전체적인 색감이 너무 어두워 보일 수 있으니 주의한다.

8 꽃과 소재의 비율이 적절하게 섞일 수 있도록 한다. 매스 플라워 사이사이에 필러 플라워를 잘 섞어 넣는다.

9 매스 플라워인 카네이션도 두 송이를 그루핑해준 모습이다. 매스 플라워와 필러 플라워의 간격이 적절하게 섞일 수 있도록 한다.

10 클레마티스는 줄기가 약하기 때문에 마지막에 꽃들의 줄기 사이에 넣어 마무리한다. 미리 넣고 계속 돌려서 꽃을 잡게 되면 클레마티스의 줄기가 부러질 수 있으니 주의한다. 클레마티스는 높게 위치하도록 하여 내추럴한 느낌을 더해준다.

11 꽃을 다 잡고 나면 꽃 얼굴 간격이 너무 좁거나 너무 멀어서 비어 보이는 부분이 있는지를 체크한다. 꽃의 얼굴 방향을 돌려주면 소재 사이의 간격 조절이 가능하다. 높낮이 부분도 전체적으로 고르게 되었는지, 둥근 형태가 잘 나왔는지 확인하고 묶어준다.

12 노끈을 사용하여 부케를 묶어준다. 노끈을 반으로 접은 다음 접은 부분을 새끼손가락에 살짝 끼워준다.

13 두 줄을 같이 한 바퀴 돌려서 새끼손가락에 끼워진 부분을 살짝 빼고 두 줄을 같이 넣어준다.

14 노끈을 단단하게 당겨준다.

15 두 줄을 벌려서 한 줄씩 서로 반대 방향으로 당겨 두 바퀴 정도 돌려준다. 한 바퀴 돌릴 때마다 노끈을 단단하게 당겨주는 것이 중요하다.

16 노끈이 단단하게 고정이 되었으면 앞에서 매듭을 두 번 지어준다. 이때도 헐겁지 않도록 단단하게 고정한다.

KEIRA FLEUR Flower Course

Flower Arrangement *Round Bouquet*

KEIRA FLEUR Flower Course

Flower Packaging *Round Bouquet*

포장 방법

1 물 처리용 티슈를 사용하여 줄기 아랫부분을 감싸준다.

2 비닐에 꽃다발을 넣고 티슈가 전체적으로 젖을 정도로 물을 넣어준다. 물을 너무 많이 넣게 되면 포장하면서 물이 새어나올 수 있으니 주의한다. (2-1)
투명테이프를 사용하여 바인딩 포인트 부분을 단단하게 고정한다. (2-2)

3 컬러 망사지를 두 뼘 정도의 길이로 자른다.

4 어긋나게 접는다. 이때 양쪽의 접힌 부분의 사이즈가 비슷하도록 접어준다.

5 오른손으로 아래 가운데 부분을 잡고 왼손은 엄지와 검지를 동그랗게 ○ 형태로 만들어 포장지를 사이에 끼운 후 오른손을 아래로 당겨준다.

6 주름이 예쁘게 잡힐 수 있도록 포장지를 잘 펼쳐준다.

7   포장지를 꽃다발 위에 살짝 얹어본다. 이때 포장지의 길이가 맨 앞에 있는 꽃을 살짝 가릴 정도의 길이면 적당하다. 바인딩 포인트 부분에 맞추어 꽃다발과 함께 잡는다.

8   바인딩 포인트 높이에 맞추어 바인드 와이어로 고정한다.

9   부직포는 꽃다발 가로 길이보다 양쪽에 한 뼘 정도 여유 있게 잘라준다.

10 사진과 같이 오른쪽 부분을 위로 향하게 접는다.

11 사진과 같이 살짝 위로 향하여 한 번 더 접어준다.

12 꽃다발을 모서리 부분을 가운데로 향하게 하여 두고 오른쪽부터 바인딩 포인트를 향해 감싸준다. 이때 꽃다발의 뒷부분을 감싸준다고 생각하고 포장지가 앞쪽으로 당겨지지 않도록 한다.

13 왼쪽도 가볍게 감싸준다.

14 크래프트지(80g)도 부직포와 같은 사이즈로 잘라준다.

15 부직포와 마찬가지로 이번엔 왼쪽을 접어준다.

16 종이의 오른쪽 모서리를 향해서 꽃을 놓는다.

17 아래 긴 종이는 줄기보다 5cm 정도 여유 있게 접는다.

18 왼쪽 부분을 종이로 감싸준다. 왼쪽에서 꽃다발을 향해서 미는 듯이 잡아주는 것이 중요하다. 종이가 꽃을 다 가리지 않도록 뒷부분으로 미는 듯이 잡아주는 것이 포인트이다.

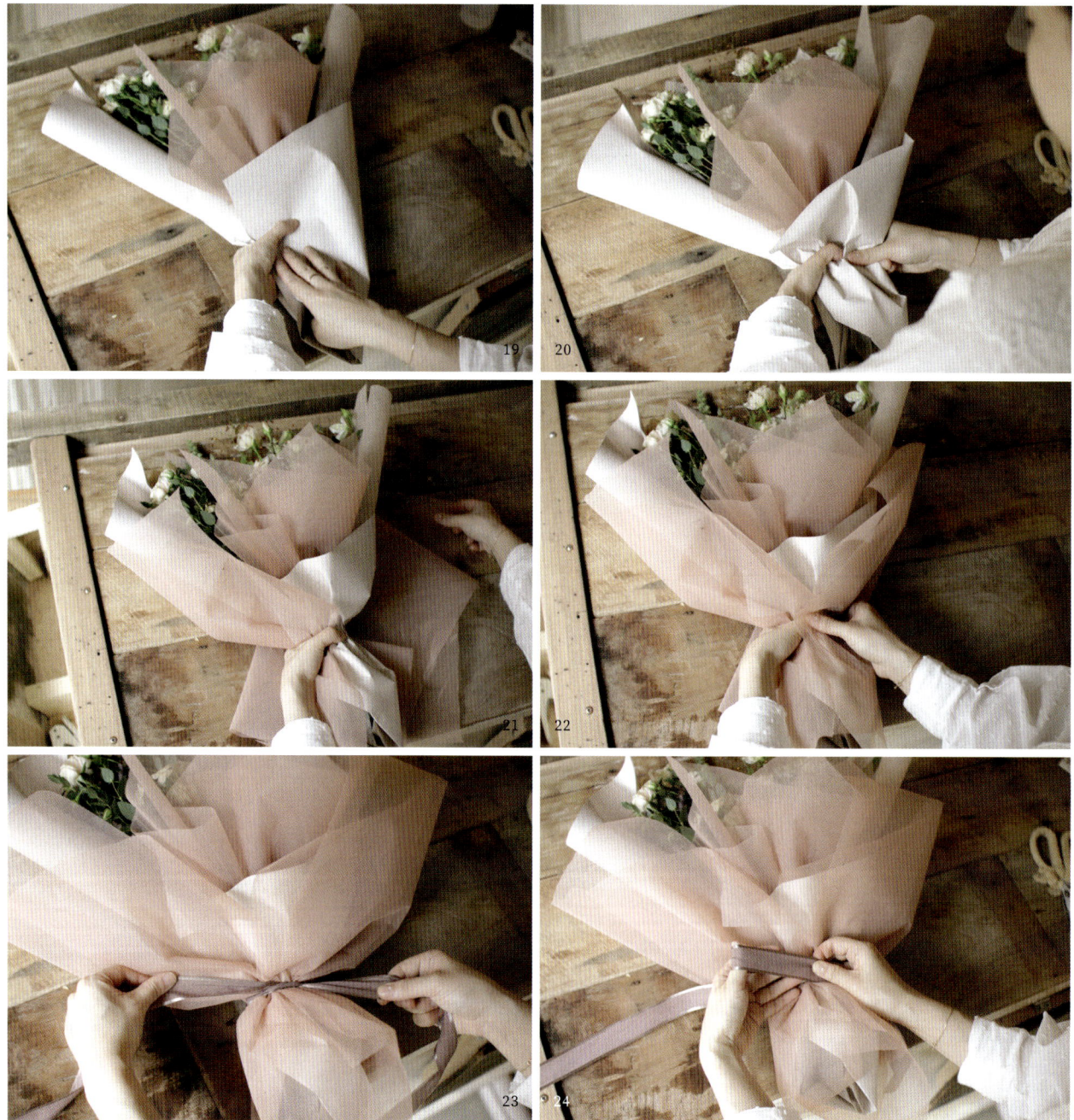

19 오른쪽은 앞쪽을 향해 덮어주고 자연스럽게 구겨준다.

20 바인딩 포인트를 향해 꾹 눌러준다.

21 컬러 망사지를 처음 잘랐던 크기와 동일하게 잡아 접는다(과정 4 참고). 왼쪽과 오른쪽을 하나씩 감싸준다. 사진을 참고하여 약간 비스듬히 놓아서 감싸주면 좋다.

22 왼쪽과 오른쪽을 동일하게 감싸주고 바인딩 포인트에서 한 번에 잡는다. 이때 컬러 망사지가 줄기를 감싸도록 한다.

23 리본을 이용하여 매듭을 꽉 지어준다.

24 아래로 향한 리본을 보우로 만들어 반대쪽 위를 향하도록 한다.

25 반대쪽 리본은 위에서 아래로 향하게 하고 가운데 구멍으로 넣어 묶어준다.

26 양쪽 보우가 비슷한 크기가 되도록 조절하여 꽉 묶어주고 리본의 아랫부분 길이를 포장지 길이와 비슷하게 하여 사선으로 잘라준다.

27 태그를 달아 완성한다.

KEIRA FLEUR Flower Course

Flower Arrangement *Round Bouquet*

KEIRA FLEUR Flower Course

Flower Arrangement *Parisien Bouquet*

파리지엔 부케
Parisien Bouquet

비교적 큰 사이즈인 파리지엔 부케는 풍성함에서 오는 특별함이 매력적인 부케이다. 케이라플레르를 찾는 많은 남성분들이 프러포즈 꽃다발로 선택하는 디자인으로, 특별한 날 많이 찾는 꽃다발이다. '파리지엔 부케'라는 이름은 프랑스 파리에서 사람들이 꽃다발을 팔에 끼고 다니는 모습과 비슷하다고 하여 붙여졌으며, 위에서 보는 모습이 아름다워 옆으로 눕혔을 때 더욱 그 형태와 분위기가 돋보이는 부케이다.

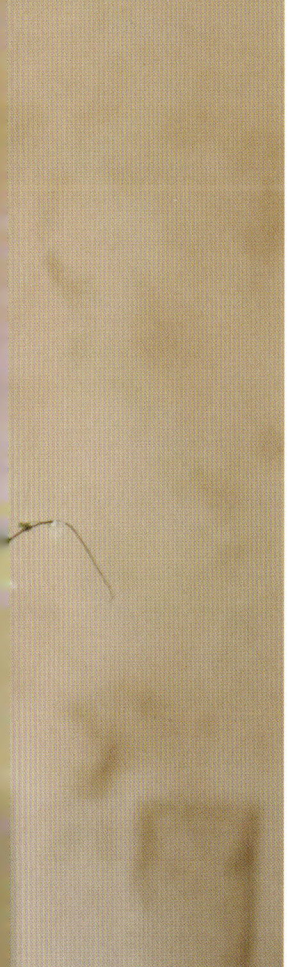

재료

킹 라넌큘러스 1대
장미(로맨틱앤틱) 3대
장미(라피네포르테) 2대
장미(크림프라그란스) 3대
장미(솔라) 2대
수국 1대
스위트피 5대
조팝나무 3대
설유화 3대
류코크리네 3대
초코 아미초 3대
유칼립투스(블랙잭) 1단

도구

꽃가위
가시 제거기
노끈
습자지
크래프트지
리본
리본 가위
태그
클립

제작 과정

1. 수국을 중심으로 잡는다. 바인딩 포인트는 수국 머리에서부터 2뼘 정도 아래로 설정하고 왼손으로 잡는다. 이 부케는 바인딩 포인트가 낮고 꽃의 종류가 많아 작업 테이블에 올려 둔 상태에서 돌려가며 잡으면 수월하다.

2. 수국을 중심으로 하여 원형으로 한 바퀴 소재들을 둘러준다. 유칼립투스를 먼저 잡아주고 수국보다 5cm 정도 높게 올라오도록 한다. 이때 스파이럴 테크닉을 사용하는데 오른손잡이일 경우 꽃의 얼굴은 왼쪽, 줄기는 오른쪽 방향으로 하고 줄기를 나선형으로 돌려가며 잡도록 한다. 줄기가 서로 엉키게 될 경우 부러질 수 있으니 한 방향으로 잡도록 한다.

3. 잡은 꽃을 왼쪽으로 반 바퀴 정도 돌린 후 정면이 되는 곳에 같은 방법으로 스위트피를 잡아준다.

4. 다시 반 바퀴를 돌려주고 비어 있는 부분을 정면으로 한 후 유칼립투스를 넣어준다.

5 같은 방법으로 계속해서 꽃을 잡아간다. 조팝과 장미를 넣어준다. 이때 꽃이 한쪽으로 쏠리지 않도록 하며, 수국을 중심으로 한 바퀴 돌려준다. 장미는 그루핑을 하여 높낮이가 있게 잡는다. 얼굴이 큰 수국은 낮게 잡아 안정감을 주고, 장미는 수국보다 조금 더 높게 잡는다. 장미를 수국보다 길게 잡되 그 높이는 장미의 얼굴 정도 길이가 적당하다. 다른 장미 하나는 얼굴의 절반 사이즈 높이로 수국보다 길게 올린다. 꽃들의 높이를 모두 다르게 조금씩 높낮이를 주며 잡아간다.

6 아미초와 유칼립투스, 라피네포르테 장미를 넣어준다. 위에서 보았을 때 항상 원형이 되도록 꽃을 넣어야 한다.

7 조팝은 길게 넣어주는 것이 좋고, 스프레이 타입으로 되어 있어 꽃 얼굴이 뭉치지 않도록 잘 퍼트려서 넣어준다. 길이는 수국보다 한 뼘 정도 길게 하는 것이 좋다. 류코크리네도 가벼운 느낌으로 장미보다는 길게 넣는다.

8 위에서 보았을 때 수국이 한가운데 위치하게 되면 어색할 수 있기 때문에 수국이 살짝 옆쪽으로 위치한다고 생각하고, 전체적으로 원형을 그려간다. 수국만큼 부피감이 있는 솔라 장미를 수국이 위치한 반대쪽에 잡아주게 되면 수국이 가운데 오는 것을 방지할 수 있다.

9 　전체적으로 컬러감이 분산될 수 있도록 신경 써서 꽃을 넣어간다. 장미는 그루핑을 하되 컬러가 아주 진한 꽃들은 한 송이씩 분산해서 넣는 것이 좋다. 스위트피는 진한 퍼플 톤으로 뭉쳐서 넣을 경우 그 부분만 시커멓게 보일 수 있으니 주의한다.

10 　바깥쪽으로 설유화와 조팝을 길게 넣어서 자연스러움을 더해준다.

11 　노끈을 반으로 접어 사이에 두 줄을 통과시켜 끝까지 잡아당긴다.

12 　노끈 두 줄을 하나씩 서로 반대 방향으로 잡아당겨서 묶어준다. 한쪽은 왼쪽으로 힘 있게 당겨서 단단하게 고정해준다.

13 다른 한쪽은 오른쪽으로 당겨서 한 바퀴 돌려준다. 이 과정을 2~3번 반복하여 3바퀴 정도 돌려서 단단하게 고정하면 된다. 2번 아주 단단하게 묶어서 매듭을 지어준다.

14 바인딩 포인트에서 한 뼘 정도 길이로 줄기를 가지런하게 일자로 잘라준다.

KEIRA FLEUR Flower Course

Flower Arrangement *Parisien Bouquet*

KEIRA FLEUR Flower Course

Flower Packaging *Parisien Bouquet*

포장 방법

1. 습자지는 총 3장을 준비한다. 먼저 2장을 겹친 뒤 살짝 비틀어서 똑바로 겹쳐지지 않도록 자연스럽게 겹쳐준다.
2. 아래쪽은 가지런하게 눌러 접어준다.
3. 높이의 반 정도 되는 위치에서 주름을 잡아간다. 엄지손가락으로 주름을 살짝 잡아넣고 주먹을 쥔다. 이 동작을 반복한다.
4. 주름을 잡을 때 위아래로 습자지가 많이 구겨질 수 있으니 조금씩 당겨 펴주면서 일정하게 주름을 잡아간다.
5. 끝까지 주름을 잡아 완성된 모습이다.
6. 풍성한 주름을 만들기 위해서 뭉쳐있는 습자지를 한 장씩 벌려주는 과정이 필요하다. 잘 벌려주고 끝부분이 구겨지지 않도록 주름을 살짝 펴준다. (6-1) 습자지를 벌려주고 끝부분을 주름대로 펴준 모습이다. (6-2)

7   잡고 있던 가운데 부분을 반대쪽 손으로 헐겁게 잡아 위로 살짝 더 당겨준다. 꽃 얼굴과 바인딩 포인트까지의 길이만큼 습자지의 길이도 맞춰준다. (7-1) 습자지의 주름이 조금 더 풍성해진 모습이다. (7-2)

8   크래프트지를 준비하고 재단할 때는 꽃을 대각선으로 둔 후에 줄기 끝에서 한 뼘 반 정도 길게 잘라준다.

9   왼쪽의 크래프트지를 살짝 당겨서 올려준다. 이때 습자지보다 크래프트지가 5cm 아래에 위치하는 것이 좋다. 꽃다발의 위치를 위아래로 옮겨 알맞게 잡아준다.

10 왼쪽에서 당긴 크래프트지를 접지 않은 상태에서 반대쪽의 크래프트지를 당겨 서로 만나도록 한다.

11 두 개의 크래프트지 윗부분 길이를 잘 맞춰주고 아래쪽은 고깔 모양이 되도록 잡아준다.

12 꽃 얼굴에서 약 두 뼘 정도의 위치가 바인딩 포인트이기 때문에 그 부분을 양쪽에서 꼬집듯이 잡아주고 한 번에 구겨준다. (12-1) 끝까지 꽉 잡아준 모습이다. (12-2)

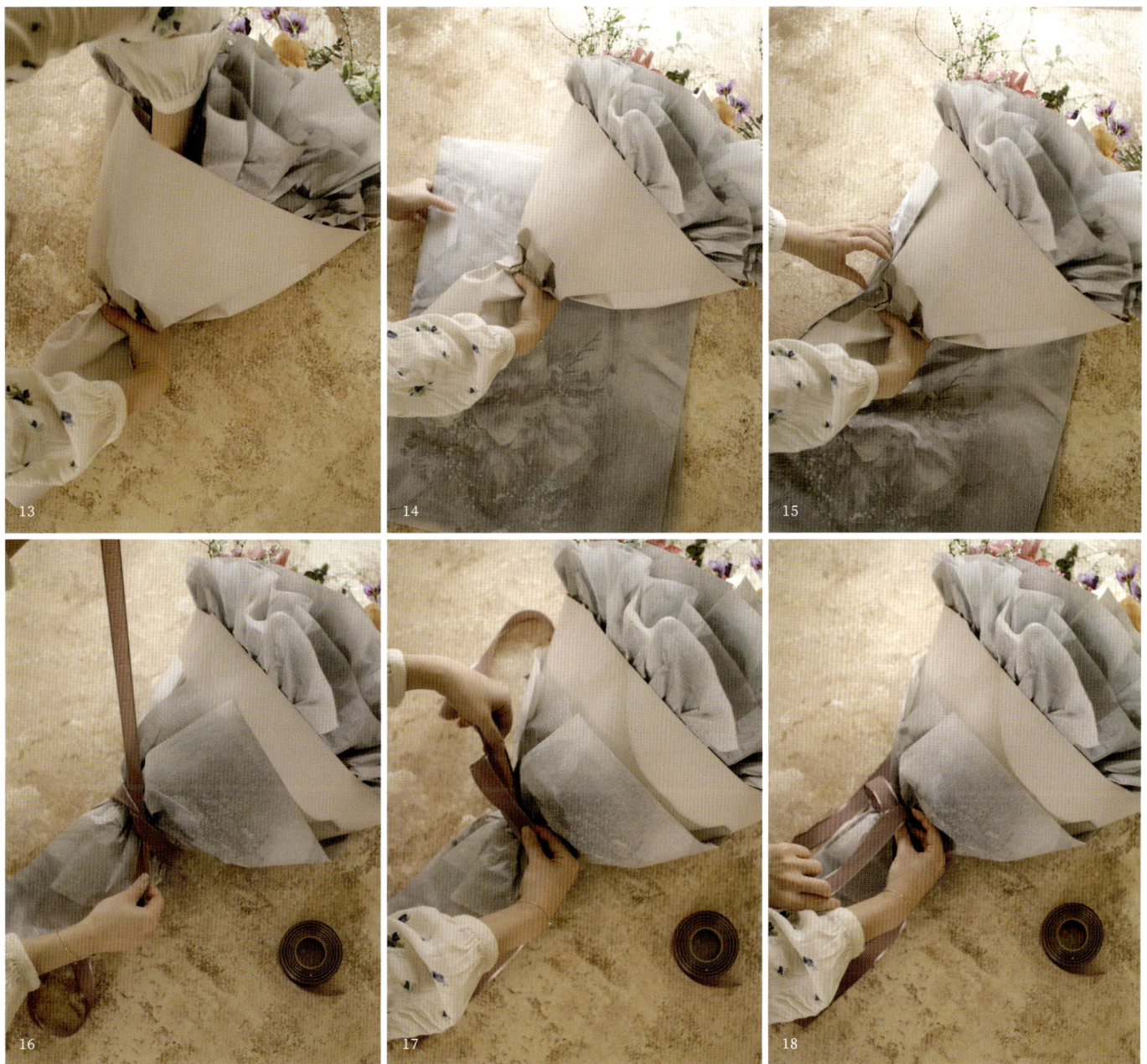

13 앞에 구겨진 부분은 손을 넣어 펴준다.
14 습자지 한 장을 살짝 비틀어 접어주고 대각선 방향으로 꽃다발을 올려둔다.
15 크래프트지가 5cm 정도 보일 수 있도록 약간 아래쪽으로 받쳐준다.
16 반대쪽의 습자지와 겹쳐서 리본으로 묶어준다.
17 아래로 내려온 부분의 리본을 고리로 만들어 반대쪽으로 대준다.
18 반대쪽 리본은 위에서 아래쪽으로 내려준다.

19 오른쪽 구멍 사이로 고리를 만들어 빼주면 리본이 완성된다.

20 리본의 양쪽 끝을 꽉 잡아당겨서 리본 길이를 조절한다.

21 리본 사이에 손을 넣어서 위아래로 당겨주면 양쪽 리본의 사이즈도 동일하게 맞출 수 있고, 리본의 볼륨도 살릴 수 있다.

22 리본 길이는 포장지와 비슷하게 맞추어 사선으로 잘라준다. 사선의 방향은 관계없이 잘라도 된다.

23 태그를 클립으로 고정하여 마무리한다.

KEIRA FLEUR Flower Course

Flower Arrangement   *Parisien Bouquet*

제작 후 마무리

파리지엔 부케는 일반적인 라운드 형태의 꽃다발과는 형태가 다르다. 위에서 봤을 때는 원형이지만 옆에서 보면 윗면이 평평한 느낌의 플랫한 디자인이다. 그래서 높낮이를 크게 하기보다는 납작한 느낌으로 제작하며 소재의 풍성한 양을 돋보이게 하는 것이 특징이다. 이렇게 만들면 포장을 했을 때도 꽃이 가려지지 않고, 포장지 밖으로 자연스럽게 흘러내리는 느낌이 든다. 따라서 완성 후 위에서 보았을 때 형태가 동그랗게 잘 되었는지, 옆에서 볼 때 플랫한 느낌으로 완성이 되었는지 확인하도록 한다.

포장을 마치고 나서는 습자지를 잘 정리해주는 것이 중요하다. 주름을 잡은 습자지의 끝부분이 구겨지지 않도록 하고, 꽃이 가려지지 않도록 습자지를 한 장 한 장 정리하며 살짝 아래로 내려준다. 습자지의 낱장 주름이 잘 보일 수 있도록 하여 풍성하게 마무리한다.

KEIRA FLEUR Flower Course

Flower Arrangement *Natural Wide Bouquet*

내추럴 와이드 부케
Natural Wide Bouquet

부케를 만들 때 일반적으로 사용하는 스파이럴 테크닉을 쓰지 않은 내추럴한 부케이다. 넌스파이럴(Non-Spiral) 테크닉은 꽃의 얼굴 방향을 일정하게 두지 않아 작품의 느낌을 더욱 자연스럽게 표현할 수 있다.

이 부케는 일방형 디자인을 활용해 비대칭형으로 만들어지므로, 주로 내추럴한 가든 스타일의 웨딩 디자인으로 사용된다. 봄의 느낌을 담은 부케로 특히 봄 시즌의 야외 웨딩 신부에게 추천한다.

메인 꽃인 매스 플라워는 장미를 사용했다. 개인적으로 장미를 좋아하기도 하지만 꽃의 컬러와 형태가 화려하기 때문에 시선을 끄는 데 효과적이다. 부케 제작 시 포컬 포인트는 가장 시선을 끄는 꽃을 사용하는 것이 좋다. 또는 각 계절에 나오는 꽃 중에서 본인이 예쁘다고 생각하는 매스 플라워를 구입해 사용해도 좋다. 필러 플라워는 5가지 이상의 소재를 사용해 다채로운 느낌이 나도록 한다.

Natural Wide Bouquet

재료

장미(크림프라그란스) 2대
장미(라피네포르테) 2대
장미(로맨틱앤틱) 2대
장미(아오이나나) 2대
화이트라이언 수선화 1대
지바페이퍼 화이트 수선화 2대
더블라떼 마트리카리아 5대
헬레보루스 1단
클레마티스 2대
스위트피 5대
프리틸라리아 4대
조팝나무 5대

도구

꽃가위
방수 테이프
가시 제거기
실크 리본

제작 과정

1. 엄지와 검지를 최대한 넓게 벌린 후 줄기를 잡을 준비를 한다. 엄지 쪽에 조팝나무의 긴 가지를 걸친다.

2. 넓게 벌어진 손을 중심으로 검지에서 엄지를 향하는 대각선 방향으로 조팝나무 한 가지를 더 걸쳐준다. 여기까지의 과정이 매우 중요하다.

3. 양쪽에 조팝나무를 두고, 가운데 비어 있는 부분에 짧은 조팝나무 가지들을 넣는다. 이때 납작해지지 않게 줄기가 앞쪽을 향하도록 깊이감 있게 넣는다.

4. 긴 가지의 1/2~1/3 정도의 길이도 모두 사용할 수 있다. 화병 꽂이를 한다고 생각하고 외곽선부터 잡는다.

5. 얼굴이 크고 컬러가 연한 장미를 가운데 배치한다.

6. 왼쪽 장미를 약간 눕혔다면 오른쪽의 큰 장미는 얼굴이 앞쪽으로 향하게 배치한다. 장미의 간격은 서로 얼굴이 붙지 않을 정도로 공간이 있어야 한다. 줄기가 교차되도록 소재를 넣어간다. 손에 힘을 주지 않고 꽃을 손가락에 걸치는 것이 중요하다.

7   미니 장미를 얼굴이 큰 장미 바깥쪽으로 넣어준다.

8   부케의 양쪽 가장자리에 미니 장미를 하나씩 배치하여 전체적인 컬러감이 분산 배치될 수 있도록 한다.

9   조팝나무를 조금 더 넣어주어 꽃이 움직이지 않도록 한다. 처음에 아직 몇 송이 잡지 않았을 때는 꽃들이 많이 움직일 수 있다.

10 오른쪽 앞쪽과 왼쪽 앞쪽에 조팝나무를 하나씩 더 넣어주어 균형을 맞춰준다.

11 헬레보루스는 얼굴이 곧게 서 있지 않고 고개를 숙인 꽃이다. 세워서 넣기보다는 얼굴이 잘 보이는 쪽을 앞쪽으로 하여 양쪽 가장자리에 눕혀서 넣어준다.

12 헬레보루스를 양쪽 끝에 각각 하나씩, 앞쪽과 뒤쪽에 하나씩 넣어서 공간을 메워준다.

13 스위트피 같이 라인이 예쁜 꽃들은 길게 넣어서 부드러운 선을 강조한다.

14 얼굴이 크고 컬러가 강한 로맨틱앤틱 장미는 잘 보이도록 배치하는 것이 좋다. 너무 뒤쪽이나 가운데보다는 옆쪽으로 배치하는 것이 좋다.

15 장미들 사이에 스위트피를 더 넣어준다. 장미보다는 길게 배치하는 것이 좋다.

16 헬레보루스는 필러 플라워로 사용하면 좋다. 라인이 예쁜 꽃들은 바깥쪽으로, 얼굴이 곧은 꽃들은 가운데에 배치하는 것이 좋다. 줄기는 자연스럽게 교차되게 잡는다. 꽃들이 많아지면 세게 잡을 경우 줄기가 부러질 수 있으므로 주의한다.

17 부족한 공간은 조팝나무와 더블라떼 마트리카리아를 사용하여 잘 채워준다.

18 포컬 포인트로 사용할 만한 꽃을 앞쪽에 배치한다. 이때 주의할 점은, 꽃들은 점점 뒤로 가기 때문에 포컬 포인트의 꽃을 미리 잡지 않도록 한다.

19 더블라떼 마트리카리아를 사용하여 좀 더 리듬감을 준다.

20 프리틸라리아는 라인을 살려서 리듬감을 주기에 좋은 꽃이다. 잎사귀도 자연스럽기 때문에 잎을 많이 제거하지 않고 바인딩 포인트 아래로만 잎을 제거한 후 사용한다.

21 스위트피의 라인을 살려 길게 바깥쪽으로 배치하고 볼륨감을 더해준다.

22 컬러감이 강한 클레마티스는 가운데에 넣지 말고 양쪽 끝에 넣어준다. 더 강조하고 싶은 부분은 조팝나무의 긴 선을 이용한다. 양쪽이 비대칭이 되도록 선의 모양을 다르게 잡는 것이 자연스럽다. 얼굴이 큰 수선화와 미니 수선화를 빈 곳에 넣어준다.

23 양쪽으로 균형이 맞는지 확인하고 가운데가 볼록하게 솟은 느낌이 없는지 확인하여 높이를 낮춰준다. 가운데 부분이 여백이 있어야 더욱 자연스럽다.

마무리

모든 소재의 배치가 끝나면 방수 테이프를 사용하여 단단하게 고정한다. 묶으면서 소재의 형태가 바뀌지 않도록 주의하며 묶는다. 줄기를 가지런히 잘라 완성한다. 줄기의 길이는 바인딩 포인트를 기준으로 꽃 길이:줄기 길이가 2:1 정도가 되도록 한다.

완성된 부케를 실크 리본으로 장식한다.

KEIRA FLEUR Flower Course

Flower Arrangement *Natural Wide Bouquet*

2.
웨딩 부케
Bridal Bouquet

웨딩 부케의 이해

형태에 따른 웨딩 부케의 이해

1. 라운드형 부케(Round Bouquet)

둥근 모양으로 구성하는 부케이며, 웨딩 부케의 가장 기본이 되는 중요한 형태이다. 한 가지 꽃만을 사용하여 단정하게 만들기도 하고, 여러 종류를 사용하여 자연스럽게 구성하기도 한다.
한 가지 종류의 화목류 소재를 사용하여 만드는 클러스터(Cluster) 부케, 두 가지 이상 소재의 종류나 색상을 활용하여 꽃과 꽃 사이에 액세서리를 넣어 둥근 형태로 만드는 컬러니얼(Colonial) 부케, 향이 좋은 꽃만을 섞어 만든 노즈게이(Nosegay) 부케, 고전적인 분위기의 빅토리안(Victorian) 부케, 꽃의 간격을 좁게 하여 볼륨감을 준 포지(Pozy) 부케가 라운드형 부케에 속한다.

2. 티어드롭 부케(Teardrop Bouquet)

유럽 왕실 예식에서 가장 선호하는 부케의 화형으로, 클래식하고 우아한 느낌을 좋아하는 분들이 많이 찾는 부케 디자인이다. 보통 가로 20cm, 세로 25cm 정도로 디자인한다.

3. 캐스케이드형 부케(Cascade Bouquet)

폭포수가 떨어지는 아름다움을 표현한 부케이다. 티어드롭에서 더 길어진 형태의 부케로 키가 큰 신부에게 잘 어울린다. 드레스는 머메이드 라인을 추천한다.

4. 암 부케(Arm Bouquet)

팔에 걸쳐 자연스럽게 드는 부케이며 길이감이 있다. 주로 유연성이 좋은 소재를 사용하여 자연 줄기를 그대로 살려서 만든다. 이 부케는 라인이 아름답게 떨어지는 소재들을 사용하는 것이 중요하다. 주로 카라, 튤립, 클레마티스, 난 소재를 많이 사용한다.

5. 초승달형 부케(Crescent Bouquet)

곡선으로 만든 갈란드 두 개를 중심으로 서로 합하여 초승달 모양을 만든다. 세로로 선 모양과 가로로 누운 모양이 있다.

6. 포멀리니어 부케(Formalinear Bouquet)

부케의 선과 형태가 대조를 이루면서도 서로 조화를 이루는 부케로, 소재의 양을 최대한 줄여 각 소재가 가지고 있는 특징을 잘 살려서 만든다. 대부분 비대칭형으로 만들고 여백의 미를 강조해준다.

7. 멜리아 부케(Mellia Bouquet)
한 송이의 꽃에 동일한 꽃잎을 덧대어 한 덩어리의 꽃으로 보이게 하는 부케를 말한다. 주로 사용하는 멜리아 부케의 종류로는 로즈멜리아, 릴리멜리아, 더치스 튤립 등이 있다.

8. 팬 부케(Fan Bouquet)
부채 모양의 기본 틀에 조합하여 구성하는 개성이 강한 부케이다. 실제 부채를 사용하여 만들 수도 있고 그린 소재로 부케의 형태를 만들 수도 있다.

9. 링 부케(Ring Bouquet)
잎이나 꽃으로 만든 갈란드를 링 모양으로 구성한 부케로 머리에 화관으로 쓰이는 링, 손에 드는 링 등이 있다.

10. 주얼리 부케(Jewelry Bouquet)
와이어, 엔젤 헤어, 크리스털, 진주 등 주얼리의 느낌을 가진 여러 액세서리를 사용하여 제작하는 부케로, 생화를 섞어서 만들거나 프리저브드 플라워로 만들어 반영구적으로 사용할 수 있다.

드레스 디자인별 어울리는 웨딩 부케

1. A라인 드레스
여성스럽고 우아한 스타일의 드레스로 스커트에 볼륨이 있지만 슬림한 형에 가깝다. 부케는 작은 사이즈를 추천한다. 라운드 부케나 오트 쿠튀르(오벌형) 부케 등의 심플한 형태가 적합하다.

2. 프린세스라인 드레스
풍성하고 화려한 분위기의 드레스에는 부피감이 있는 화려한 형태의 내추럴 와이드 부케가 잘 어울린다.

3. H라인 드레스
슬림하고 우아한 느낌의 드레스로 암 부케, 티어드롭 부케를 추천한다. 내추럴한 느낌의 와이드 부케나 러스틱 부케도 잘 어울린다.

KEIRA FLEUR Flower Course

Flower Arrangement *Hyacinth Round Bouquet*

KEIRA FLEUR Flower Course

Flower Arrangement *Hyacinth Round Bouquet*

히아신스 라운드 부케
Hyacinth Round Bouquet

향기가 좋은 히아신스를 메인으로 만든 부케이다. 형태는 라운드로 가장 기본적인 형태이며, 퍼플 컬러의 향기 좋은 꽃들로 구성되어 향을 중요하게 생각하는 신부에게 추천한다.

히아신스는 네덜란드 수입 꽃은 사계절 내내 볼 수 있고, 국산 꽃은 겨울에서 봄철에 만날 수 있어 봄에 가장 많이 찾는 봄 부케라고 할 수 있다. 이 부케는 얼굴이 굉장히 큰 히아신스를 이용해서 깔끔하게 만들 수도 있지만 케이라플레르만의 내추럴한 감성을 담아 자연스러운 부케로 만들었다.

Hyacinth Round Bouquet

재료

무스카리 1단(10대)
프리틸라리아 5대
히아신스 2단(10대)
스위트피 2가지 컬러 각 3대씩(6대)
류코크리네 3대

도구

꽃가위
방수 테이프
레이스 리본
진주 핀

제작 과정

1. 가장 곧고 얼굴이 둥근 히아신스를 기준으로 잡는다. 기준이 된 히아신스가 가운데에 위치한 상태에서 한 바퀴를 돌려가며 스파이럴 테크닉을 사용하여 꽃을 잡아준다. 스파이럴 테크닉이란 꽃의 얼굴을 왼쪽에 두고 줄기를 오른쪽 방향으로 향하게 하여, 일정하게 나선형으로 돌려가는 테크닉을 말한다. 이때 기준으로 잡은 히아신스보다 2cm 정도 얼굴을 낮게 잡아서 돌려 나간다.

2. 히아신스 사이에 무스카리를 함께 끼워가면서 돌려 나간다. 무스카리는 얼굴이 작기 때문에 히아신스보다는 살짝 높게 잡아준다.

3. 스위트피와 프리틸라리아를 잡은 모습이다. 같은 소재들이 너무 뭉치지 않도록 여러 가지 소재들을 섞어가면서 잡아준다. 스파이럴이 반대로 가지 않도록 주의하며 같은 방향으로 줄기를 잡도록 한다. 반대로 잡게 되면 줄기가 꺾일 수 있으니 주의한다.

4. 처음에 잡았던 중심이 되는 히아신스가 옆으로 옮겨지지 않도록 히아신스를 위에서 보면서 한 바퀴를 돌려간다. 이때 꽃들이 골고루 퍼질 수 있도록 한다. 스위트피를 한 송이 잡았다면 반대쪽에도 한 송이를 넣어준다. 스위트피와 프리틸라리아처럼 춤을 추는 느낌의 라인을 가진 꽃들은 길게 넣어서 자연스러움을 살려준다.

5 컬러가 진한 류코크리네도 얼굴이 잘 보일 수 있도록 넣어준다. 스프레이 타입의 꽃이라서 얼굴이 뭉치지 않게 살짝 벌려서 넣어준다.

6 기준이 되는 히아신스를 중심으로 꽃이 한 바퀴 다 둘러졌다면, 층을 하나 내려서 한 바퀴를 더 둘러준다. 꽃의 높이를 아래로 내려서 잡아주며 옆에서 보았을 때 반구 형태가 되도록 한다.
얼굴이 긴 스위트피의 경우 살짝만 아래로 내려서 잡아주면 빈 공간이 채워지기 때문에 라운드 부케를 만들기에 아주 좋은 재료이다.

7 계속 돌려가며 소재를 넣어주고, 프리틸라리아의 선도 잘 보일 수 있도록 신경 써준다. 이 부케에는 그린 소재를 하나도 넣지 않았기 때문에 프리틸라리아의 자연스러운 긴 잎을 그대로 살려서 사용한다. 단, 프리틸라리아 한 송이에 줄기의 잎이 5개를 넘지 않도록 나머지 잎은 정리해준다.

8 방수 테이프를 사용해서 단단하게 묶어준 후 줄기를 가지런하게 자르고, 레이스 리본으로 마무리한다.

9 레이스 리본으로 한 바퀴를 돌려주고 안쪽으로 1cm 정도 시접을 접어 넣어주면 더 깔끔하게 마무리할 수 있다. 마감은 진주 핀을 사용하면 편리하다.

10 가장 마음에 드는 부분을 앞으로 선택하고 앞부분에 진주 핀을 사용하여 표시해준다.

KEIRA FLEUR Flower Course

Flower Arrangement *Hyacinth Round Bouquet*

KEIRA FLEUR Flower Course

Flower Arrangement *Daffodil Haute Couture Bouquet*

수선화 오트 쿠튀르 부케
Daffodil Haute Couture Bouquet

봄 신부를 위한 웨딩 부케로, 봄에 나오는 계절 소재인 다양한 수선화들을 사용한 사랑스러운 부케이다. 야외 웨딩을 준비하는 귀여운 느낌을 좋아하는 신부에게 어울린다.

오벌 형태의 오트 쿠튀르 부케이자 본식 부케로, 신부들의 사랑을 가장 많이 받는 디자인이다. 드레스의 형태에 크게 구애받지 않는 스타일이지만 A라인의 드레스에 가장 잘 어울린다. 화관을 좋아하는 신부라면 부케와 소재가 같은 수선화와 조팝나무로 만든 화관을 웨딩 액세서리로 추천한다.

Daffodil Haute Couture Bouquet

화이트라이언 수선화
더블라떼 마트리카리아
조팝나무
지바페이퍼 화이트 수선화

재료

수선화 3가지(총 30대)
-웨딩벨 수선화 10대
-화이트라이언 수선화 10대
-지바페이퍼 화이트 수선화 10대
더블라떼 마트리카리아 1단(10대)
조팝나무 소량

도구

꽃가위
투명 방수 테이프
레이스 리본
망사 리본

제작 과정

1. 얼굴이 큰 웨딩벨 수선화 한 대를 먼저 일자가 되게 잡는다. 바인딩 포인트는 머리에서 반 뼘 정도 아래 위치로 잡는다.

2. 웨딩벨 수선화 한 대를 더 잡아간다. 높이는 첫 번째 수선화보다 살짝 아래가 되도록 하고 얼굴 방향은 서로 다른 방향을 보도록 한다.

3. 수선화의 줄기는 일자가 되도록 패러렐(평행)로 잡아가면 좋다. 뒤쪽의 비어 있는 부분을 앞쪽으로 돌려 또 다른 수선화(지바페이퍼 화이트 수선화)를 넣어서, 위에서 보면 정삼각형이 되도록 한다.

4. 위에서 보았을 때 동그란 형태가 되도록 빈 부분을 메워준다.

5. 원형이 되도록 잡은 후에 옆에서 보았을 때 반구형이 되도록 더블라떼 마트리카리아와 수선화로 아래쪽 부분을 채워간다.

6. 주기적으로 돌려가면서 형태를 관찰한다. 항상 동그란 형태를 유지하도록 주의를 기울인다.

7 얼굴이 작은 더블라떼 마트리카리아를 사이사이에 채워가면서 빈 공간을 채운다.

8 얼굴이 큰 웨딩벨 수선화는 살짝 빼주면서 높이를 올려주어 돋보이도록 한다.

9 높낮이를 약간 주면서 동그란 모양으로 형태를 다듬는다. 반구형이 될 수 있도록 꽃을 분산 배치하며 넣어준다.

10 반구 형태가 잘 완성된 모습이다.

11 반구형에서 더 아래쪽 부분도 채워나간다. 전체적인 형태가 오벌형이 되도록 채워간다.

12 조팝나무도 소량 넣어서 자연스러움을 더해준다.

13

14

13   얼굴이 큰 화이트라이언 수선화는 전체의 오벌형 형태에서 잘 분산하여 아래쪽에 넣는다.

14   전체적으로 각진 부분이 없는지 확인하며 꽃을 다듬고, 바인딩 포인트를 방수 테이프로 묶어준다. 레이스와 망사 리본으로 장식하여 마무리한다.

KEIRA FLEUR Flower Course

Flower Arrangement *Daffodil Haute Couture Bouquet*

촬영을 위한 연출 팁
밝은 톤의 꽃을 사용한 부케의 경우 배경이 어두울수록 꽃의 모습이 더욱 돋보이기 때문에, 부케의 색과 대비되는 배경지를 사용한다.
하얀 부케는 특히나 실물보다 사진이 잘 받지 않는 편이기 때문에, 야외 촬영 시에는 잔디밭이나 진한 컬러의 배경을 두고 찍는 것이 좋다.

KEIRA FLEUR Flower Course

Flower Arrangement *Teardrop Bouquet*

티어드롭 부케
Teardrop Bouquet

유럽 왕실에서 선호하는 화형의 우아한 느낌이 가득한 부케이다. 형태는 눈물방울을 뒤집어 놓은 모습으로 만든다. 가로 20cm, 세로 25cm 정도의 부담스럽지 않은 작은 사이즈로 최근 다시 많은 신부들에게 사랑받고 있는 디자인이다.

아래로 내려가면서 좁아지는 형태인 이 부케는 소재 선택이 중요하다. 둥글게 들어가는 윗부분에는 얼굴이 큰 매스 플라워가 필요하며, 아래로 좁아지면서 옆 라인도 굴곡 있게 들어가기 위해서는 줄기가 잘 휘어지고 얼굴이 뾰족한 작은 꽃들도 필수이다. 클레마티스 줄기와 여름 라일락, 스위트피 그리고 델피늄 같은 소재들이 아랫부분의 형태를 내기에 쉬운 소재들이다.
만약 대가 단단하고 휘어지기 어려운 소재들을 준비한다면 와이어링을 사용하여 제작해야 한다. 자연 줄기를 사용하여 만들고 싶다면 줄기가 잘 휘어지는 소재를 사용하도록 한다.

재료

장미(포럼) 3대
장미(어멘시아) 3대
옥스포드 5대
델피늄 2대
옥시 3대
수레국화 2대
플록스 6대
여름 라일락 3대
천조초 2대
구절초 3대
클레마티스 6대
클레마티스 줄기 2대

도구

꽃가위
투명 방수 테이프
레이스 리본
진주 핀

제작 과정

1 클레마티스 줄기 중 예쁘게 휘어지면서 길고 아름다운 라인을 찾아 3뼘 정도의 길이로 잡는다. 옆에서 보았을 때 자연스럽게 아래로 떨어지고 옆으로 휘어지지 않은 곧은 라인이 좋다.

2 좀 더 짧은 클레마티스 줄기를 더해 풍성하게 잡는다. 이때 스파이럴 테크닉을 사용한다. 스파이럴 테크닉이란, 나선형의 같은 방향으로 줄기를 넣어가는 테크닉을 말한다. 줄기가 부러질 수 있으므로 줄기의 방향이 X자처럼 되지 않도록 주의한다. 왼쪽에 들어가는 줄기는 기준점으로 잡은 소재보다 위로, 오른쪽에 들어가는 줄기는 기준점 소재의 아래로 잡으면 된다. 이때 소재만 잡았을 때에도 눈물방울 아랫부분의 형태가 그려질 수 있도록 한다.

3 줄기가 연약한 클레마티스부터 잡아준다. 클레마티스 길이는 손에서부터 대략 15cm 정도 길이로 잡는다. 티어드롭 형태의 경우 아래쪽 뾰족한 부분의 모양을 만들기가 어렵기 때문에 꽃을 추가할 때 아래쪽이 양쪽으로 벌어지는 형태가 되지 않도록 주의한다.

4 클레마티스 줄기 사이사이 빈 공간을 얼굴이 작고 뾰족하게 생긴 꽃들을 사용하여 메워준다. 천조초를 사용하여 물방울 형의 끝부분을 그리듯이 채워간다.

5   뾰족하게 생긴 여름 라일락으로 아랫부분을 채우고 이제 윗부분을 동그랗게 그려간다. 이때는 얼굴이 큰 장미를 사용하는 것이 좋다.

6   장미만 들어가면 답답해 보일 수 있으므로 얼굴이 작은 꽃들도 함께 섞어 넣어간다. 장미를 연달아 넣을 경우 얼굴 높이가 같아지지 않도록 주의한다. 높낮이는 장미 얼굴 높이의 1/2 정도 길이로 표현한다. 얼굴이 작은 꽃들은 장미보다 길게 넣어 앞으로 나오도록 잡는 것이 자연스럽다.

7   동그란 형태를 유지하면서 위쪽으로 꽃을 쌓아간다. 꽃의 컬러감을 생각해서 균등하게 컬러가 분포되도록 한다.

8   내추럴한 스타일이므로 얼굴이 작은 구절초와 클레마티스가 가장 눈에 띄도록 길게 앞으로 빼준다. 구절초는 그루핑하여 강조해준다. 중간중간 스파이럴이 잘 되어가고 있는지 확인한다.

9 전체의 2/3 정도가 완성된 모습이다. 옆에서 본 라인에 빈공간이 없는지 양쪽의 라인도 신경 쓰면서 꽃들을 넣는다. 한가운데의 구절초 부분이 가장 튀어나오는 부분이다. 얼굴이 작은 꽃들은 앞쪽으로 길게 나오도록 잡아서 바람에 자연스럽게 흔들리도록 한다.

10 얼굴이 큰 장미를 쌓아가면서 형태를 완성해간다. 윗부분이 둥글게 마무리될 수 있도록 주의한다. 소재를 점점 윗부분으로 쌓을수록 꽃들을 짧게 잡아서, 옆에서 보았을 때 둥근 형태가 될 수 있도록 해야 한다.

11 장미와 클레마티스, 플록스, 옥시 등을 함께 섞어서 넣어준다. 얼굴이 큰 장미를 가장 짧게 잡아 안정감 있게 표현한다.

12 완성된 모습이다. 물방울 형태가 잘 나왔는지 확인하고 마무리한다.

13 방수 테이프를 사용하여 줄기를 단단하게 고정해 준다. 투명한 테이프를 사용하면 사진이나 영상을 촬영할 때 테이프의 컬러가 비치지 않아서 좋다.

14 줄기의 길이는 10cm 내외로 짧게 잘라 신부가 들었을 때 불편하지 않도록 한다.

15 테이프가 보이지 않도록 레이스 리본으로 마무리하고 리본의 끝부분은 안쪽으로 1cm 정도 접어 진주 핀을 사선으로 꽂아 고정한다. 이때 핀이 밖으로 나오지 않도록 주의해서 꽂아준다.

16 깨끗하게 마무리된 모습이다. 진주 핀은 리본 길이에 따라 2~3개 정도를 사용한다.

KEIRA FLEUR Flower Course

Flower Arrangement *Teardrop Bouquet*

KEIRA FLEUR Flower Course

Flower Arrangement *Rustic Bouquet*

러스틱 부케
Rustic Bouquet

시골풍의 소박한 느낌의 부케로 야외 웨딩에 잘 어울리는 스타일이다. 얼굴이 크고 화려한 꽃보다는 얼굴이 작고 잔잔한 느낌의 소재들을 위주로 구성한다. 따라서 매스 플라워보다는 필러 플라워 종류들이 주를 이루는 구성이다.

이 부케는 단색보다는 여러 가지 컬러를 섞어 사용하여 발랄한 느낌을 주는 것이 잘 어울린다. 리본도 얇은 레이스 리본을 사용하여 러스틱한 느낌을 살렸다. 전체적으로 길고 가는 형태로 가볍게 잡아 바람에 흩날리는 느낌으로 완성한다.

Rustic Bouquet

재료

홍화목 2대
라벤더 10대
벨 클레마티스 2대
클레마티스 1대
장미(이오리) 2대
장미(카푸치노) 5대
플록스 10대
퐁퐁 국화 3대
여름 라일락 7대
추명국 2대
리시안셔스 3대

도구

꽃가위
가시 제거기
방수 테이프
레이스 리본

제작 과정

1. 사방화 부케를 제작할 때는 단단하고 곧은 줄기를 가진 꽃을 골라 중심으로 잡는다. 이번에는 가장 튼튼하고 곧은 줄기를 가진 카푸치노 장미를 중심으로 선택했다. 꽃의 머리 위에서 반 뼘 정도의 위치를 바인딩 포인트로 정한다.

2. 클레마티스 줄기 중에서 얼굴이 크지 않은 봉오리가 달린 소재를 선택하여, 길게 올려준다. 줄기는 스파이럴 테크닉으로 꽃의 얼굴이 왼쪽, 줄기 방향이 오른쪽으로 오도록 잡는다.

3. 길이감이 길쭉하고 가는 형태이며, 얼굴이 작고 뾰족한 꽃들을 먼저 사용한다. 여름 라일락부터 그루핑하여 잡아준다. 이때 같은 꽃으로 그루핑하는 경우 높이 차이를 크게 주어 꽃의 얼굴이 부딪히지 않도록 한다.

4. 마찬가지로 길고 가는 소재인 라벤더를 그루핑하여 잡는다.

5   미니 장미인 이오리 장미는 하나의 줄기에 여러 가지 꽃이 달린 스프레이 타입의 꽃이다. 이런 경우에는 바인딩 포인트 아래로 줄기가 붙어 있는 가지는 잘라내고, 바인딩 포인트 위에 달린 가지들을 한 번에 잡되, 벌어지는 틈 사이로 다른 꽃들을 넣어주면 자연스럽게 완성할 수 있다.

6   홍화목 가지도 뭉툭한 소재보다는 가늘고 긴 소재를 먼저 사용하여 길쭉한 느낌을 잘 표현할 수 있도록 한다. 홍화목은 컬러감이 진하고 강하기 때문에 눈에 잘 띄는 소재이므로, 이런 경우 잎 정리에 좀 더 신경을 써주어야 한다. 잎 하나하나가 잘 보이도록 뭉쳐 있는 잎들은 정리해가며 잡아간다.

7   기준으로 잡았던 카푸치노 장미를 중심으로 한 바퀴 돌려주는 방법으로 꽃을 잡아간다. 추명국처럼 줄기가 가늘고 얼굴이 작은 꽃들을 흩날리는 느낌으로 표현하기 위해서는 길게 올려주는 것이 좋다. 퐁퐁 국화처럼 줄기가 곧고 단단한 꽃들은 안쪽을 채워주는 것이 좋다.

8   일반적인 부케보다는 줄기가 좀 더 보이는 느낌으로 계속해서 가볍게 잡아간다. 처음에 잡았던 장미를 중심으로 계속 돌려가면서 꽃을 넣되, 소재를 점점 아래로 잡아서 길쭉한 형태를 만들어준다. 이때 얼굴이 부딪치는 꽃이 없도록 주의하고, 잔잔한 느낌의 소재들은 단단한 소재보다는 길게 빼주어 흔들리는 느낌을 강조한다.

9 반대편 사진이다. 사방에 꽃들이 균일하게 들어갈 수 있도록 신경 쓴다. 컬러도 균일하게 배치될 수 있도록 형태와 색감을 계속 신경 쓰면서 잡아가도록 한다.

10 꽃이 전체적으로 사방에 모두 균일하게 들어가고 있는지 체크한다. 이 부케는 사방에서 보았을 때 형태가 같아 보여야 한다. 어디가 비었는지, 어디에 꽃들이 뭉쳐 있는지 확인하며 꽃을 넣어간다.

11 부케의 전체 길이는 대략 두 뼘 정도 길이가 되도록 한다.

12 포인트가 되는 얼굴이 큰 클레마티스는 부케 전체 길이의 중간 정도 위치에 자리를 잡아주는 것이 좋다.

13 맨 아래쪽 위치에도 사방에서 보았을 때 전체적으로 꽃이 골고루 들어갔는지 확인하고 비어 있는 곳을 채워준다. 모든 체크가 끝나면 바인딩한다.

14 손으로 잡고 있던 줄기 위치를 방수 테이프로 단단하게 묶어준다.

15 신부 드레스와 잘 어울리는 레이스를 사용하여 바인딩한 부분을 감싸준다.

16 이 부케는 소재 본래의 줄기가 많이 보이도록 하는 것이 자연스럽다. 5cm 정도 줄기가 보이도록 감아주고 진주 핀을 대각선으로 꽂아 리본을 고정한다.

17 폭이 좁은 레이스 리본을 사용하여 장식을 더해준다.

KEIRA FLEUR Flower Course

Flower Arrangement   *Rustic Bouquet*

완성 및 마무리
완성된 부케에 뭉쳐 있는 꽃들이 있는지 확인하고, 특히 줄기가 가는 플록스 같은 꽃들은 묶은 후 얼굴이 돌아갈 수 있으니 정리해준다. 사방에서 보았을 때 형태가 균일하고 꽃들의 색감이 잘 분포되었는지가 중요한 부케이다.

3.
화병 꽂이
Vase Arrangement

화병 꽂이의 이해

화병 꽂이란 화병 안에 물을 담아 꽃줄기를 교차하면서 꽂는 디자인을 말한다. 꽃의 줄기가 물속에 직접적으로 닿아 수분 공급이 원활하기 때문에 플로랄 폼을 사용한 작품보다 꽃의 수명이 긴 것이 장점이다. 비교적 제약 없이 다양한 꽃꽂이가 가능하며, 화병의 모양과 색상에 따라 여러 가지 느낌을 낼 수 있다.

제작 시 주의 사항

1. 물을 항상 신선한 상태로 유지한다. 화병의 물은 매일 갈아주는 것이 좋다.
2. 물이 닿는 부분에는 꽃이나 잔잎, 잔가시 등이 없도록 사전에 모두 제거한다. 잎이나 가시가 들어가면 물이 오염되어 꽃의 수명이 단축될 수 있다.
3. 화기를 선택할 때는 사용 목적, 꽃과 소재, 형태와 색상 등을 고려하며, 화병의 입구 크기에 따라 사용할 소재의 양을 조절한다. 예를 들어 길고 좁은 화병을 쓰는 경우에는 줄기가 긴 꽃인 장미나 카라, 튤립 등이 어울리며, 둥글고 낮은 화병을 쓰는 경우에는 부피가 큰 수국이나 작약, 리시안셔스 등이 어울린다.

화병 꽂이 디자인 기법

1. 레이싱 기법(Lacing Technique)
입구가 좁은 화병 속에 꽃의 줄기를 교차시켜 소재들이 서로를 지지하도록 고정하는 방법이다.

2. 그리드 기법(Grid Technique)
입구가 넓은 화병 입구에 2cm 정도 간격으로 테이프를 붙여 격자무늬를 만든 다음, 공간(그리드)을 여러 개로 나눠준다. 그 공간 안에 줄기를 꽂아 고정하는 방법이다.

3. 치킨망을 활용하는 방법(Chicken Wire Technique)
입구가 넓은 화병에 주로 사용하는 방법으로, 치킨망을 화병 입구 사이즈에 알맞게 재단하여 넣고 치킨망 사이에 꽃을 넣어 고정하는 방법이다.

4. 꽃다발을 활용하는 방법(Hand-tied Bouquet Technique)
전체 꽃 양의 70% 정도를 스파이럴 테크닉을 사용해 꽃다발로 잡는다. 이 꽃다발을 화병 안에 넣은 다음 나머지 30%를 화병에 직접 꽂으면서 완성하는 방법이다.

KEIRA FLEUR Flower Course

Flower Arrangement *Grid Technique*

그리드 기법 화병 꽂이
Grid Technique

심플한 화병을 이용한 내추럴한 디자인의 화병 꽂이 작품이다. 이 작품은 화병의 입구가 그다지 넓지 않아 테이프를 이용한 그리드 기법을 쓰는 것이 가장 적합하다. 화병 꽂이는 화병의 모양에 따라 기법을 다르게 사용하는데, 입구가 많이 넓은 경우에는 치킨망을 활용하면 좋고, 입구가 좁을 경우에는 소재를 바로 화병에 꽂는 레이싱 기법(Lacing Technique)이 적합하다.

이 작품은 화병 입구에 테이프를 십자 형태로 붙여 2cm 정도의 여유 구멍을 만들어 사용한다. 형태는 비대칭형으로, 양쪽의 높이를 다르게 하여 내추럴한 선을 강조한 디자인이다. 아웃라인이 중요한 작품이므로 소재의 선택이 매우 중요하다. 라인이 아름다운 소재를 선택하여 자연스럽게 표현하는 것이 포인트이다.

Grid Technique

재료

리시안셔스 5대
여름 라일락 4대
클레마티스 5대
벨 클레마티스 3대
산수국 2대
장미(쉬라즈) 4대
장미(이오리) 2대
장미(아발란체) 2대
장미(산토리니) 2대
장미(더내추럴) 3대
홍화목 2대
잎설유 5대

도구

화병
테이프
꽃가위
가시 제거기

제작 과정

1. 화병 입구에 십자로 테이프를 붙여준다. 이때 가운데 부분은 테이프를 반으로 접어서 부착하여, 테이프의 접착 면이 꽃의 줄기에 붙지 않도록 한다.

2. 아웃라인을 먼저 잡아준다. 잎설유와 홍화목을 이용하여 가로 라인부터 꽂는다. 양쪽과 앞뒤로 골고루 꽂아준다. 이때 화병 안으로 잎사귀가 들어가지 않도록 주의한다. 화병 높이 정도의 길이로 꽂아 가로 방향의 양쪽 폭을 잡아주고, 높이도 화병과 1:1 비율이 되도록 잡아준다.

3. 얼굴이 가장 큰 산수국부터 꽂아준다. 얼굴이 큰 꽃은 무게감이 있도록 낮게 꽂는다. 산수국을 화병 입구 가까운 높이에 얼굴이 닿게 꽂아서, 처음에 꽂은 소재의 줄기가 보이지 않도록 가려준다. 그다음으로 얼굴이 큰 장미를 꽂는다. 장미는 황금 비율로 가로 비율 8을 5:3으로 나눈 지점을 기준으로 오른쪽으로 약간 치우치게 꽂는다. (이때 비율을 5:3 또는 3:5로 나누는 것은 어느 쪽이든 관계없다.)

4. 왼쪽으로 3:5로 나눈 지점에도 같은 색의 다른 아발란체 장미를 꽂아 컬러를 맞춰주고 외곽 라인에는 얼굴이 작고 가벼운 쉬라즈 미니 장미를 꽂는다.
얼굴이 큰 꽃은 낮게, 얼굴이 작고 줄기에 라인이 있는 가벼운 꽃들은 길게 표현한다.

5   컬러가 돋보이는 더내추럴 장미는 필수록 화형이 더욱 예뻐지는 장미이다. 가장 예쁜 얼굴은 앞으로 잘 보이게 꽂고, 하나는 길게 올려 포인트를 준다.

6   꽃들 사이를 잘 메워준다. 리시안셔스와 이오리 장미를 이용하여 빈 공간을 채워준다. 이때 꽃들의 얼굴 간격을 일정하게 맞춰주는 것이 좋다. 큰 꽃들의 얼굴이 붙지 않도록 신경을 써서, 하나하나 꽃의 얼굴이 앞쪽에서 보았을 때 잘 보이도록 간격을 조절한다.

7   길게 포인트를 준 더내추럴 장미가 있는 부분에 클레마티스 봉오리를 사용하여 더 높게 높이를 올려준다. 비대칭형 작품은 한쪽을 확실하게 높여주는 것이 좋다.

8   반대쪽 라인과 아래쪽도 자연스럽게 이어지듯이 클레마티스를 사용하여 길게 라인을 빼주고, 벨 클레마티스도 잘 보이는 앞쪽으로 자리를 잡아준다. 클레마티스는 예쁜 라인을 살려주기에 가장 좋은 소재이다.

9   핑크색과 연노랑 컬러의 조합으로 컬러가 골고루 분산되어 배치될 수 있도록 노란색 꽃들 사이 사이에 핑크 컬러의 장미와 리시안셔스를 배치한다. 여름 라일락은 끝부분이 굽어 있는 라인을 가진 꽃이다. 이런 꽃들은 짧게 배치하는 것보다는 길게 꽂아 본래의 라인을 돋보이게 하는 것이 좋다. 여름 라일락을 분산 배치해서 꽂아주되 각각의 길이는 모두 다르게 하여 자연스럽게 표현한다.

10 중대형 사이즈의 화병을 사용한 작품으로 윈도우 디스플레이나 파티, 웨딩 데커레이션으로 활용할 수 있다.

KEIRA FLEUR Flower Course

Flower Arrangement　　　　　　　　　　　　　　　　　　　　　*Grid Technique*

마무리

화병 꽂이는 처음 시작할 때 소재의 고정이 쉽지 않기 때문에 많은 분들이 어려워하는 작품 중 하나이다. 어느 정도 소재들이 들어가고 줄기끼리 엉키고 나서야 고정이 되는 특징이 있기 때문에, 처음에 아웃라인을 잡을 때 소재가 많이 움직인다고 너무 걱정하지 않아도 된다. 꽃들을 많이 넣을수록 자연히 단단하게 고정이 된다.

화병 꽂이를 할 때는 외곽 라인이 가볍게 떨어지도록 마무리하는 것이 좋다. 전체적인 형태는 비대칭형으로, 양쪽의 높낮이나 모양이 다르게 디자인한다. 높낮이를 크게 주어 깊이감을 연출하고 꽃들이 춤을 추듯이 자연스럽게 완성한다.

KEIRA FLEUR Flower Course

Flower Arrangement　　　　　　　　　　　　　　　　　　　　*Frog & Chicken Wire Technique*

침봉과 치킨망을 활용한 화병 꽂이
Frog & Chicken Wire Technique

투명한 유리 화병에 침봉과 치킨망을 활용해 자연스럽게 연출한 화병 꽂이 작품이다. 화병 꽂이는 다양한 방법으로 만들 수 있는데, 침봉이나 치킨망 중 하나만 있어도 훌륭한 꽃꽂이를 완성할 수 있다. 침봉은 낮은 수반에서 주로 사용하고, 치킨망은 입구가 넓은 화병에 소재를 꽂기 쉽도록 고정해주는 역할을 한다.

이번 작품에서는 화기의 가운데 부분에 고정을 쉽게 하기 위한 침봉을 사용하고, 양쪽으로 늘어지는 자연스러운 라인을 살리기 위해 치킨망도 함께 사용하였다. 자연스러운 비대칭형 스타일로 디자인하여 어느 장소에나 잘 어울리는 작품이다.

Frog & Chicken Wire Technique

재료

장미(라피네포르테) 3대
프리틸라리아 5대
스위트피 12대
팬지 5대
플록스 5대
아네모네 2대
에델바이스 2대
드라이 목수국 2대
홍화목 3대
버터플라이 라넌큘러스 2대
툴바기아 1대
류코크리네 4대

도구

꽃가위
방수 테이프
치킨망
침봉
오아시스 픽스
화기

제작 과정

1. 오아시스 픽스를 사용하여 침봉을 화기 가운데 고정한다.

2. 치킨망을 화기 안쪽으로 고정해준다. 화기의 가운데 부분에 한 겹, 윗부분에 한 겹으로 총 두 개의 층으로 고정하는 것이 좋다. 그 이유는 꽃을 좀 더 쉽게 고정할 수 있기 때문이다. 투명 방수 테이프로 치킨망을 화기에 고정한다.

3. 스위트피로 아웃라인을 잡아준다. 꽃들의 높이는 모두 다르게 들어가도록 한다. 왼쪽과 오른쪽의 높이에 차이가 있도록 비대칭형으로 잡아준다. 비대칭형 작품을 만들 때는 가운데 부분에 여백을 주어서, 채우지 않고 비워두는 자리가 반드시 필요하다.

4. 포컬 포인트 장미를 넣어준다. 가운데에서 약간 한쪽으로 치우치도록 꽂는 것이 자연스럽다. 한 송이는 포컬 포인트를 강조해주는 강조 꽃으로 같은 꽃을 두 송이 넣어준다. 장미 얼굴의 하나에서 하나 반 정도 길이 차이를 두고 꽂아주는 것이 좋다.
프리틸라리아는 줄기가 돋보일 수 있도록 흐르는 라인을 강조해서 바깥쪽으로 넣어준다.

5 스위트피와 버터플라이 라넌큘러스를 조금 더 채워준 모습이다.

6 아네모네는 빈자리에 채워주되 조금 짧게 넣어서 가운데 부분이 움푹 들어가는 느낌으로 꽂아준다. 비대칭형 디자인의 경우 양쪽이 앞으로 튀어나오고 가운데가 들어가도록 꽂아야 한다. 잔잔하고 얼굴이 작은 필러 플라워를 가운데 배치하는 것도 좋다.

7 류코크리네는 스프레이 타입의 꽃으로 줄기가 가는 것이 특징이다. 컬러도 강하기 때문에 한곳에 몰리지 않도록 꽂는 것이 좋다. 짧게 꽂으면 답답해 보일 수 있으니 주의한다. 류코크리네를 분산시키며 꽂되, 라인이 부족한 부분을 좀 더 강조하며 길게 꽂아준다.

8 왼쪽 윗부분에 화기의 2.5배 정도 높이의 긴 류코크리네도 꽂아준다.

9 줄기가 많이 보이는 곳이나 가운데 비어 있는 부분은 팬지를 사용하여 채워준다(팬지처럼 얼굴이 작은 꽃일 경우에 적합한 위치이다).

10 플록스의 구불구불한 줄기 라인을 살려 아래쪽으로 길게 꽂아 완성한다. 아래로 처지는 꽃도 있어야 꽃들이 살아 움직이는 듯한 생동감을 줄 수 있다. 길게 꽂은 류코크리네를 따라 아래쪽의 얼굴이 큰 꽃들과 연결된다고 생각하고, 빈 부분에 플록스를 채워준다.

이때 컬러가 어두운 홍화목 잎도 같이 넣어준다. 치킨망이 많이 보이는 곳을 가려주는 것이 좋으며, 컬러가 어둡기 때문에 소량만 사용한다. 어두운 컬러의 소재가 뭉쳐 있게 되면 멀리서 보았을 때 까맣게 보일 수 있으니 주의한다.

11 에델바이스와 프리틸라리아, 그리고 드라이 목수국을 라인이 잘 보일 수 있도록 추가한다. 폭죽 같은 툴바기아도 함께 넣어 질감과 깊이를 다채롭게 연출해준다.

봄의 꽃들로 싱그럽게 연출한 작품이지만 라피네포르테 장미의 캐러멜 색감과 드라이한 목수국의 컬러감을 통일하여 전체적으로 잘 어울릴 수 있도록 구성한 작품이다. 퍼플 컬러와 캐러멜 컬러의 만남으로 세련된 느낌을 표현할 수 있다.

KEIRA FLEUR **Flower Course**

Flower Arrangement　　　　　　　　　*Frog & Chicken Wire Technique*

마무리와 연출
테이블 센터피스로 활용하기 좋은 작품이다. 한쪽에서 보는 일방형 디자인이기 때문에 벽 쪽에 놓이는 센터피스로 적합하다.
내추럴한 디자인이므로 연출도 전체적으로 빈티지한 느낌이 잘 나타나도록 하는 것이 좋다. 실크 패브릭, 책, 실크 리본 등으로 연출하여 분위기가 전체적으로 잘 어우러지도록 한다.

4.
꽃바구니
Flower Basket

꽃바구니의 이해
꽃바구니 디자인이란 바구니에 플로랄 폼을 세팅하고, 꽃을 꽂아 선물하거나 장식에 이용하는 꽃장식을 말한다.

플로랄 폼(Floral foam) 사용 방법

- 플로랄 폼은 식물에 물을 공급하고 줄기를 고정해주는 역할을 한다. 폼 자체에 수분 보유력이 높아 식물의 수명을 연장시킨다.
- 식물의 줄기는 45도 이상 사선으로 잘라 약 3~4cm 정도 깊이로 꽂는다. 작품이 완성된 후 수시로 물을 보충하여 플로랄 폼이 건조되지 않도록 한다.
- 꽃을 꽂을 때 너무 깊숙하게 꽂아 폼 안에서 줄기가 서로 닿거나 엉키지 않도록 주의한다. 또한 한 번 사용한 폼은 재사용하지 않도록 한다.
- 플로랄 폼에 물을 흡수시킬 때는 플로랄 폼보다 큰 물통에 물을 가득 담고, 알맞은 크기로 자른 폼을 그대로 물에 띄운다. 폼을 가만히 물에 띄워두면 2분 이내에 물을 흡수하게 된다. 빠른 흡수를 위해 폼을 손으로 누르면 에어 블록(air block)이 형성되어 물이 잘 흡수되지 않아 꽃이 빨리 시들게 되므로 주의한다.

꽃바구니의 줄기 배열

1. 방사선 배열(Radial)
모든 줄기의 끝이 하나의 생장점을 향하고 있는 줄기 배열. 작품을 만들 때 깔끔한 형태의 외곽선을 나타내기에 좋은 방법이다.

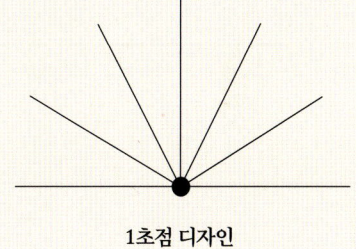

1초점 디자인

2. 병행선 배열(Parallel)
작품 내의 소재들이 각자 다른 초점을 가지고 있으며, 모든 줄기들은 서로 평행과 가깝게 배치된다. 주로 줄기의 선을 강조하고 싶을 때 사용하는 표현방법이다.

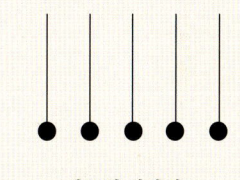

다초점 디자인

3. 교차선 배열(Crossing)
작품 내에 사용되는 소재들이 모두 다른 초점을 가지고 있으며, 서로가 교차되게 배열한다. 모든 꽃들의 얼굴이 서로 다른 방향을 향하고 있어 자연스럽게 표현하기에 좋다. 케이라플레르에서는 자연스러운 느낌의 작품을 주로 다루고 있어 가장 많이 사용하고 있는 방법이다.

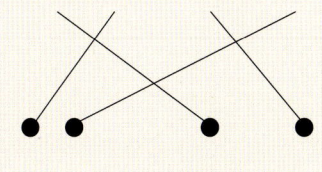

다초점 디자인

KEIRA FLEUR Flower Course

Flower Arrangement *Hobo Bag Flower Basket*

KEIRA FLEUR Flower Course

Flower Arrangement *Hobo Bag Flower Basket*

호보백 플라워 바스켓
Hobo Bag Flower Basket

호보백 형태의 바스켓을 사용한 내추럴 플라워 바스켓이다. 동그란 바구니 형태를 따라 꽃들이 피어나는 정원을 연상하며 디자인한 작품이다.

꽃들이 바스켓에서 자연스럽게 피어나도록 연출하려면 양쪽의 높이가 다른 비대칭 형태로 디자인하고, 깊이감을 크게 주어 꽃들이 살아있는 듯 표현하는 것이 좋다. 이 작품은 얼굴이 큰 가든 장미를 많이 사용하여 화려한 봄 느낌의 플라워 바스켓으로 연출했다.

비대칭 형태이므로 전체 가로 길이를 8로 보았을 때 5:3이 되는 위치에 포컬 포인트 꽃을 꽂아준다. 이 작품에서는 가장 큰 라넌큘러스 샬루트를 포컬 포인트로 사용했다. 가장 화려하고 눈에 띄는 꽃을 포컬 포인트로 사용하는 것이 좋다.

그린 소재의 라인도 중요하다. 줄기가 곧고 얼굴이 큰 잎사귀를 가진 소재들을 사용하게 되면 자칫 답답한 느낌이 날 수 있으니 주의한다.

Hobo Bag Flower Basket

재료

라넌큘러스 샬루트 2대
버터플라이 라넌큘러스 5대
라넌큘러스 3대
스위트피 3대
장미(줄리아) 4대
장미(크림프라그란스) 3대
설유화 1/2단
루피너스 5대
더블라떼 마트리카리아 5대
헬레보루스 5대

도구

꽃가위
플로랄 폼
OPP 비닐
꽃바구니
플로랄 폼 칼

제작 과정

1. 바구니에 물이 새지 않도록 OPP 비닐을 깔고, 플로랄 폼을 바구니 안쪽에 딱 맞게 세팅한다.

2. 설유화로 바구니 높이 2배 정도 길이의 가장 긴 선을 넣어준다. 방향은 한가운데를 향하게 꽂아주는 것이 자연스럽다. 반대쪽은 바구니 높이의 1.5배로 바깥쪽을 향하게 꽂아주고, 양쪽으로 뻗어나가는 선은 바구니의 가로 길이의 반 정도의 길이로 양쪽으로 동일하게 꽂아준다.

3. 포컬 포인트로 모양이 가장 예쁘고 큰 라넌큘러스 샬루트를 선택한다. 꽃의 길이는 바구니의 세로 폭의 1.5배의 길이로 잘라서 꽂는다. 이때 얼굴이 너무 높게 들리지 않도록 앞에서 잘 보이는 방향을 잡는다. 위치는 가로를 전체 8로 보았을 때, 5:3으로 나눈 위치를 찾아 꽂아준다. 비대칭형일 때의 황금 비율을 잊지 않도록 한다.

4. 포컬 포인트 강조 꽃으로 같은 꽃을 하나 더 꽂아준다. 포컬 포인트의 위치보다 높이 꽂아도 되고 낮게 꽂아도 괜찮다. 같은 꽃으로 높낮이를 다르게 하여 포컬 포인트가 더 눈에 띄게 도와주는 역할을 한다. 얼굴이 큰 꽃은 앞에서 보았을 때 얼굴이 겹쳐지지 않도록 주의한다.

5   반대쪽에는 크림프라그란스 장미처럼 포컬 포인트 꽃과 크기가 비슷한 꽃을 사용해 채워준다.

6   바구니를 뒤로 돌려서 포컬 포인트 위치의 뒤쪽에도 장미를 꽂아준다.

7   반대쪽에는 라넌큘러스를 이용해서 채워준다. 라넌큘러스 두 송이도 깊이감을 달리해서 꽂아주는 것이 좋다. 라넌큘러스 얼굴 높이의 2~3배 차이로 꽂는 것이 좋다.

8   다시 바구니를 돌려 앞면의 가운데를 크림프라그란스 장미로 채워준다.

9   스위트피는 길이가 길고 라인이 예쁘게 휘어진 꽃이다. 스위트피의 아름다운 라인이 돋보일 수 있도록 길게 꽂아준다.

10 뒷면에도 버터플라이 라넌큘러스의 예쁜 라인을 살려서 꽂아준다.

11 앞면에도 마찬가지로 버터플라이 라넌큘러스를 꽂아준다. 작품을 계속 앞뒤로 돌려가면서 전체적인 균형을 맞춰주어야 한다.

12 가운데에는 낮게 작은 꽃들을 이용해서 채워주는 것이 좋다. 더블라떼 마트리카리아를 이용해서 공간을 채워준다. 이때 손잡이 바로 아랫부분에 빈 공간이 있어야 답답하지 않다. 손잡이보다 꽃을 낮게 넣어 여백을 주는 것이 매우 중요하다.

13 뒷면의 가운데 부분도 더블라떼 마트리카리아로 채워준다.

14 헬레보루스를 사용해 가운데 부분을 낮게 채워준다. 얼굴이 예쁜 헬레보루스가 잘 보일 수 있도록 꽂아준다.

15 헬레보루스의 선이 예쁜 부분은 가로로 길게 꽂아 라인을 살려준다.

16 얼굴이 큰 꽃이더라도 줄기의 라인이 휘어진 꽃이라면 길게 꽂아 포인트를 주는 것도 좋은 방법이다. 줄리아 장미는 얼굴은 활짝 피어서 크지만 줄기의 라인이 휘어져 있고 가늘어서 길게 꽂아주면 좋다. 양쪽에 높이를 달리 해서 꽂아준다. 루피너스는 휘어진 라인이 보이도록 장미보다 길게 꽂는다.

17 뒷면에도 줄리아 장미가 잘 보일 수 있도록 꽂아준다.

18 바깥쪽에 라인이 부족한 곳을 채워가며 마무리한다.

KEIRA FLEUR Flower Course

Flower Arrangement *Hobo Bag Flower Basket*

KEIRA FLEUR Flower Course

Flower Arrangement *Natural Garden Basket*

138

KEIRA FLEUR Flower Course

Flower Arrangement *Natural Garden Basket*

내추럴 가든 바스켓
Natural Garden Basket

내추럴 가든 바스켓이란, 내추럴한 느낌을 강조하여 자연 그대로의 분위기를 생생하게 표현한 바스켓이다. 꽃을 다양하게 사용하면서도 소재가 풍성하게 흘러넘치는 듯한 꽃바구니가 있다면 어떤 모습일까? 깊이감이 있으면서도 내추럴한 분위기가 물씬 풍기는 케이라플레르만의 꽃바구니를 소개한다.

Natural Garden Basket

재료

- 툴바기아 1대
- 장미(콘쿠케어) 3대
- 장미(다빈치) 2대
- 장미(웨스트민스터어베이) 2대
- 에델바이스 1대
- 류코크리네 4대
- 히아신스 4대
- 아네모네 6대
- 스위트피(4가지 다른 컬러 총 10대)
- 프리틸라리아
- 양딸기나무 1단
- 미니알륨 1대
- 팬지 4대
- 플록스 10대
- 버터플라이 라넌큘러스 3대

도구

- 꽃가위
- 방수 테이프
- 플로랄 폼
- 꽃바구니
- OPP 비닐

제작 과정

1 꽃바구니 아래쪽에 OPP 비닐을 깔고 플로랄 폼을 알맞게 세팅한다. 이때 플로랄 폼이 움직이지 않도록 고정해주고, 바구니 높이보다 2cm 정도 높게 올라오도록 한다. 만약 플로랄 폼이 움직일 경우 방수 테이프로 감아 단단하게 고정해주어야 한다.

2 라인이 아름다운 양딸기나무 중 예쁜 선이 있는 소재를 골라 오른쪽에 가장 높게 꽂아준다. 높이는 바구니의 높이의 2.5배 정도가 적당하다. 반대쪽에는 처음에 꽂은 것의 1/2 정도 높이가 되는 소재를 바깥쪽으로 향하게 꽂아주고 앞, 뒤, 옆면을 모두 골고루 비슷한 길이로 꽂는다.

3 가장 긴 선의 라인을 따라서 떨어지는 비슷한 라인의 짧은 선도 오른쪽에 꽂아준다.

4 뒤로 돌려서 골고루 소재를 꽂아준다.

5 다시 앞으로 돌린다. 바구니의 가운데 부분은 손잡이 높이보다 소재를 낮게 꽂아 빈 공간을 만들어주어야 답답하지 않다. 바구니와 소재의 높이가 1:1 비율이 되도록 꽂아준다. 소재를 바구니 높이보다 더 높게 꽂지 않게 주의한다.

6 뒷면에도 소재를 골고루 꽂아준다.

7 바스켓 작품을 만들 때는 가장 얼굴이 큰 꽃부터 꽂아가는 것이 소재의 자리를 찾아가는 가장 좋은 방법이다. 히아신스 두 송이를 그루핑하여 오른쪽에 꽂는다. 히아신스는 줄기가 무르기 때문에 꽂을 때 주의해야 한다. 히아신스를 그냥 꽂게 되면 줄기가 금방 물러버릴 확률이 높으니, 18번 철사를 아래에서부터 찌르는 인서션 기법(Insertion Method)을 사용하는 것이 좋다. 철사 아랫부분에는 방수 테이프를 사용하여 한번 감아주면 단단하게 보강할 수 있다.

8 뒷면으로 바구니를 돌려 대각선 방향에도 히아신스 두 송이를 같은 방법으로 꽂아준다. 두 송이를 그루핑 할 때는 교차선으로 꽂는다(같은 꽃끼리 일직선으로 꽂지 않도록 주의한다).

9 앞면에 염색이 예쁘게 된 아네모네를 포컬 포인트로 잡아 꽂아준다. 포컬 포인트가 되는 아네모네는 얼굴이 활짝 피고 예쁜 꽃을 사용하며, 길이를 가장 길게 꽂는다.
히아신스로 오른쪽을 채워주었다면 아네모네를 사용하여 왼쪽을 채워주고 오른쪽 바깥쪽에도 한 송이를 꽂아 아네모네가 전체적으로 분포될 수 있도록 한다.

10 뒷면으로 돌려 아네모네의 대각선 방향에 비어 있는 부분을 다른 아네모네로 채워준다. 두 송이 또는 세 송이를 모아 그루핑해주는 것이 좋다.

11 바구니 앞면의 그린 라인을 따라 스위트피를 채워준다. 4가지 색상의 스위트피를 골고루 분산시키는 것이 좋다. 스위트피는 라인이 굉장히 예쁜 소재로 너무 짧게 넣지 않도록 주의한다. 전체적인 그린 소재의 틀을 많이 벗어나지 않되 얼굴이 큰 꽃보다는 살짝 길게 꽂아 하늘하늘한 느낌을 살려준다. 반대편에도 같은 방법으로 스위트피를 꽂는다.

12 하늘하늘한 줄기의 라인을 가지고 있는 버터플라이 라넌큘러스는 스위트피보다 조금 더 높게 꽂아준다. 라넌큘러스는 보라색에 연한 자주 핑크톤이 추가되어 좀 더 화사한 연출이 가능하다.

13 뒷면에 류코크리네를 꽂아준 모습이다. 류코크리네는 스프레이 타입으로 된 소재로, 줄기가 가는 것이 특징이기 때문에 바람에 날리는 느낌을 표현하기에 좋다. 가든 바스켓은 잔잔하고 살랑살랑한 소재들이 바람에 흩날리듯이 표현한다. 류코크리네도 길게 꽂는다.

14 앞면. 바구니에서 아래쪽을 향해서 떨어지는 느낌도 표현해주는 것이 자연스럽다. 스위트피를 아래쪽으로 몇 송이 더 꽂아주고 프리틸라리아와 같이 라인이 예쁜 소재들은 줄기가 보이도록 연출하여 내추럴한 느낌을 더해준다.

15 플록스의 줄기와 잎만 남아 있는 부분은 라인이 가늘고 구부러져 있어, 길게 사용하기에 좋다. 플록스가 없다면 클레마티스의 줄기로 비슷한 효과를 낼 수 있다. 알륨은 줄기가 곧으면 짧게 꽂고 줄기의 라인이 예쁘다면 아래로 흘러내리거나 위로 올라가도록 길게 꽂아준다.

16 뒷면. 웨스트민스터어베이 장미와 다빈치 장미로 빈 곳을 채워주고 툴바기아, 에델바이스 꽃으로 라인을 더 살리고 싶은 부분에 길게 꽂아 마무리한다.

KEIRA FLEUR Flower Course

Flower Arrangement *Natural Garden Basket*

마무리
바스켓 작품은 얼굴이 큰 꽃들이 바깥 라인에 오지 않도록 주의하는 것이 좋다. 얼굴이 큰 꽃들이 바깥쪽 라인으로 가게 되면 전체적으로 뭉툭해지게 되는데, 뭉툭한 느낌은 비대칭형의 스타일보다는 대칭형의 스타일에 더욱 잘 어울리며, 이로 인해 자연스러운 느낌이 사라질 수 있다.

KEIRA FLEUR Flower Course

Flower Arrangement *Natural Garden Basket*

KEIRA FLEUR Flower Course

Flower Arrangement *Natural Garden Basket*

5.
센터피스
Centerpiece

센터피스의 이해

센터피스(Centerpiece)란 '중앙(center)'과 '한 부분의 조각(piece)'을 뜻하는 합성어로 공간의 시각적 중심부에 놓는 다양한 장식을 말한다.

센터피스를 디자인할 때는 공간의 특성 및 장식의 주제를 잘 파악하여 준비해야 한다. 벽면의 재질과 테이블의 색상, 질감 등을 파악하고 그에 알맞는 화기와 꽃을 결정한다. 예를 들어 둥근 테이블에는 둥근 모양의 센터피스가 잘 어울리며 사각 테이블이 길게 늘어선 경우라면 롱앤로우 센터피스가 잘 어울린다.

식사자리를 장식하는 센터피스의 경우에는 앞사람의 시선을 방해하지 않도록 높이를 낮게 제작하고, 식욕을 돋우는 컬러인 오렌지, 핑크 톤을 써서 디자인한다. 식욕을 떨어뜨리는 푸른색 계열은 가급적 피하도록 한다. 테이블 센터피스는 주로 가까이에서 관상하는 작품이므로 세심하게 마무리하는 것이 중요하다.

센터피스의 배치 기법

1. 그루핑(Grouping)

비슷한 형태나 색 등 같은 종류의 성격을 가진 꽃을 모아 그룹으로 배치하는 방법이다. 작품 내에서 그루핑된 소재들은 좀 더 정리되고 명확한 느낌을 준다. 그러나 그룹과 그룹 사이에는 어느 정도 공간을 확보해주어야 각각의 그룹이 더 돋보일 수 있다.

케이라플레르에서 주로 제작하는 작품처럼 10가지 이상의 소재를 사용하는 센터피스의 경우에는 그루핑이 필수적이다. 그루핑 방법을 쓰면, 많은 종류의 소재를 사용해도 좀 더 정리된 느낌으로 꽃을 배치할 수 있다.

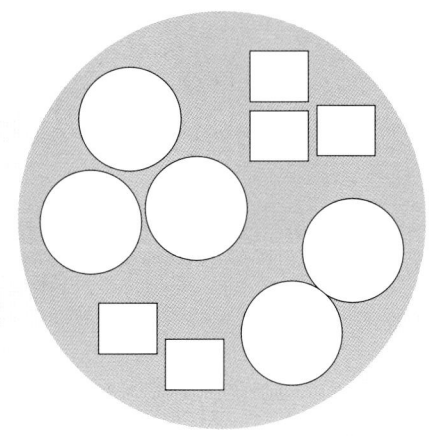

2. 분산 배치(Mixing)

클래식하며 깔끔한 느낌을 연출하기 위해 주로 사용하는 방법으로, 꽃과 소재를 일정한 간격을 두면서 전체적으로 분산하여 배치하는 것을 말한다. 방사형 꽂이로 제작할 때 특히 잘 어울리는 방법이다.

그룹 배치의 종류

1. 대칭 그룹(Symmetry)

형태, 선, 색채, 질감 등이 좌우 대칭으로 같으면서 균형이 잡힌 상태로, 작품의 형태가 균등하고 대칭형이다. 엄격한 느낌이 특징이다.

2. 비대칭 그룹(Asymmetry)

좌우가 균등하지 않고 비대칭인 자유로운 형태이다. 황금분할 방법인 8:5:3 비율에 맞추어 포컬 포인트 위치를 결정한다. 작품의 가로 전체 길이를 8로 정하고 3:5(또는 5:3)가 되는 위치에 포컬 포인트를 두면 비대칭 형태가 돋보이면서 가장 아름다운 황금비율로 완성할 수 있다. 비대칭 그룹은 주그룹, 역그룹, 부그룹* 3개의 그룹으로 나누어진다. 이 책에서는 내추럴 부케, 센터피스, 화병 꽂이에서 비대칭 그룹을 다양하게 다루었다.

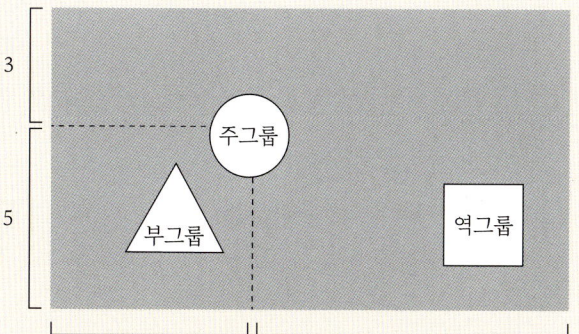

* 주그룹 : 가장 큰 그룹으로 3:5 위치에 자리한다.
  역그룹 : 두 번째 큰 그룹으로 주그룹과 멀리 떨어져 있다.
  부그룹 : 가장 작은 그룹으로 주그룹을 보조하는 역할을 하며 주그룹에 가까이 위치한다.

KEIRA FLEUR Flower Course

Flower Arrangement   *Flower Cake*

플라워 케이크
Flower Cake

생일 축하용으로 많이 사용되는 꽃 케이크이다. 실제 케이크 위에 꽃을 장식하는 작품이 아니라 전체가 꽃으로 구성되어 있으며 브라이덜 샤워나 웨딩, 파티 테이블 데커레이션으로 활용할 수 있는 작품이다. 동그란 형태가 아닌 실제 케이크처럼 윗면을 플랫하게 표현해주고 옆면도 깎은 듯하게 표현하는 것이 중요하다.

이 센터피스는 사방화로 빼곡하게 꽃이 들어가는 작품으로, 덩어리감이 있는 매스 플라워 종류들이 많이 필요하다. 이번에는 들어가 있지 않지만 수국을 사용하는 것도 추천한다. 수국 대신 얼굴이 큰 튤립들과 히아신스를 사용하여 작품의 볼륨감을 높여주고, 각진 윤곽을 잡기에 좋은 소재들을 골라준다. 예를 들어 스위트피와 같은 소재들이 적절하다. 라인을 잡을 수 있는 프리틸라리아도 선택했다. 없다면 클레마티스로 대체해도 좋다.

재료

튤립 5대(컬러가 다른 튤립 2가지)
히아신스 3대
스위트피 5대(컬러가 다른 2가지)
프리틸라리아 3대
무스카리 10대
플록스 3대
류코크리네 2대
팬지 2대

도구

꽃가위
플로랄 폼
플로랄 폼 칼
핀 홀더
오아시스 픽스
케이크 트레이

제작 과정

1. 케이크 트레이와 오아시스 픽스, 그리고 핀 홀더를 준비한다.

2. 오아시스 픽스를 작게 잘라내어 손으로 뭉쳐주고 부드럽게 만든 후 케이크 트레이 한가운데에 핀홀더와 함께 부착한다.

3. 플로랄 폼 1/2장을 잘라 핀 홀더 중앙에 고정시키고 모서리를 깎아준다. 꽃을 꽂는 면적을 크게 하기 위한 작업으로 꼭 필요한 과정이다.

4. 앞에서 보았을 때 네모난 형태를 만들기 위해서는 각 모서리의 각을 살려 길게 꽂아주는 것이 좋다. 화기의 크기에 맞게 꽃을 꽂아주며, 덩어리가 큰 꽃들을 먼저 사용한다. 튤립은 얼굴을 피워서 크게 사용한다. 물을 충분히 올린 튤립은 너무 봉오리인 것보다는 살짝 벌어진 것을 사용하는 것이 좋다. 억지로 피우게 되면 잎이 찢어질 수 있으니 주의하자. 손을 잎 안쪽까지 넣어 조금씩 뒤집어준다.

5   같은 꽃으로 대각선 방향에 꽂아준다. 컬러가 아주 진한 검정에 가까운 꽃들은 그루핑하지 않도록 한다. 멀리서 보았을 때나 사진에 담았을 때 검게 보이는 경우가 많으니 주의한다.

6   다른 컬러의 튤립을 진한 컬러의 튤립들 사이에 꽂아준다.

7   한쪽을 조금 더 강조하기 위해 튤립 한 송이를 바로 전에 꽂은 튤립의 얼굴보다 낮은 높이로 그루핑해서 꽂아준다.

8   마찬가지로 대각선 쪽에 나머지 한 송이를 꽂아주어 전체적인 컬러를 분산 배치하도록 한다.

9 다음으로 얼굴이 큰 히아신스를 선택하여 튤립들 사이를 메워준다. 히아신스도 2:1로 그루핑하여 꽂는다.

10 히아신스 두 송이를 꽂은 반대쪽의 튤립들 사이에 히아신스 한 송이를 꽂아준다. 위에서 보았을 때 꽃들의 컬러나 종류를 분산 배치하는 과정으로 전체적인 윤곽을 균형 있게 잡아줄 수 있다.

11 모서리를 조금 더 강조해주기 위해서는 둥근 소재보다는 길쭉한 소재를 사용하는 것이 좋다. 스위트피를 사용하여 튤립 사이 빈 공간의 모서리를 살려 꽂아준다.

12 와인 컬러의 스위트피를 같은 컬러의 튤립과 겹치지 않도록 꽂아준다. 플로랄 폼이 보이는 부분을 메워주는 역할을 한다.

13 프리틸라리아를 사용하여 모서리를 좀 더 높게 꽂아주어 강조한다. 튤립을 정면에 두고 꽂아주면 더 안정적으로 보인다.

14 플록스와 무스카리, 류코크리네는 필러 플라워로 꽃들 사이의 빈 공간을 채워주는 역할을 한다. 이때 튤립보다는 살짝 더 길게 꽂아 답답하지 않게 율동감을 준다.

15 라인이 있는 플록스의 봉오리는 좀 더 길게 빼준다. 트레이 아래쪽으로 살짝 내려주는 라인도 좋다.

16 반대쪽의 모습이다. 사방화로 제작하기 때문에 모든 방면에서 부족함이 없도록 세심하게 마무리한다.

KEIRA FLEUR Flower Course

Flower Arrangement *Flower Cake*

마무리

플라워 케이크에는 여러 가지 형태가 있다. 초보자는 반구형의 케이크를 만들면 좀 더 쉽게 만들 수 있다. 반구형은 방사형 꽂이로 제작하고, 이 작품은 정면에서 보았을 때 스퀘어형태로 제작한다. 따라서 가운데를 높게 올리게 되면 둥근형이 되기 쉬우므로 가운데는 낮고 평평하게 제작하고 모서리를 높게 올려주어 각을 살리는 것이 포인트이다.

그루핑을 할 때에는 얼굴 방향을 서로 반대로 하거나 서로 마주 보게 꽂아 교차형 줄기 배열이 되도록 하는 것이 자연스럽고 아름답게 보인다. 높이를 동일하게 꽂기보다는 높낮이를 주면서 꽂아야 볼륨감 있고 자연스러운 케이크가 완성된다.

KEIRA FLEUR Flower Course

Flower Arrangement *Flower Cake*

KEIRA FLEUR Flower Course

Flower Arrangement *Mini Natural Centerpiece*

미니 내추럴 센터피스
Mini Natural Centerpiece

주로 웨딩이나 파티 테이블 센터피스로 사용되는 내추럴한 테이블 센터피스다. 일방형 디자인으로 만들었지만 식사 자리와 같이 여러 사람이 다양한 각도에서 센터피스를 바라보는 환경에서는 사방화로 제작하는 것이 좋다. 꽃의 컬러는 오렌지 톤으로 싱그럽게 제작했으며, 식사 테이블에 쓰는 용도로 사용할 경우에는 식욕을 돋우는 컬러로 제작하는 것을 추천한다.
이 작품과 같은 비대칭형 디자인은 가운데를 비우고 라인이 강조되는 것이 중요하기 때문에 소재 선택이 매우 중요하다. 가늘고 라인이 있는 소재들이 적합하다.

이 작품은 그린 소재보다는 꽃들이 주를 이루는 디자인이다. 그린 소재를 선택할 때에는 잎이 크고 둥글둥글한 소재보다는 라인이 있고 잎이 작은 소재들이 적합하다. 소재의 바깥 라인이 돋보이도록 해야 하기 때문에 대부분이 오렌지 컬러인 이 작품에 어두운 그린 소재를 선택했다. 톤 다운된 컬러를 잘 사용하면 작품에 고급스러운 이미지를 줄 수 있다. 꽃은 꽃대가 단단하고 곧은 소재보다는 꽃대가 가늘고 움직이는 라인이 돋보이는 것을 사용하면 내추럴한 느낌을 표현하기 좋다.

Mini Natural Centerpiece

재료

장미(젠) 2대
장미(아오이나나) 2대
장미(롤리) 1대
헬레보루스 3대
프리틸라리아 2대
플록스 4대
스위트피 3대
버터플라이 라넌큘러스 3대
라넌큘러스 3대
에델바이스 2대
홍화목 3대
클레마티스 잎 1대

도구

화기
플로랄 폼
플로랄 폼 칼
꽃가위
가시 제거기
방수 테이프

제작 과정

1. 화기에 플로랄 폼을 알맞게 세팅한다. 가장자리의 모서리 부분은 꽃을 꽂는 면적을 크게 하기 위해 깎아주고, 투명한 방수 테이프를 사용하여 고정한다.

2. 포컬 포인트로 사용되는 젠 장미는 왼쪽 옆으로 치우치게 꽂아준다. 이때 장미의 전체 길이를 화기 지름의 2배 길이로 잘라준다. 포컬 포인트를 강조하기 위해 같은 젠 장미를 써서 얼굴 하나 높이로 왼쪽에 더 낮게 꽂아주는 것이 좋다.

3. 라인이 있는 아오이나 미니 장미를 선택해서 화기의 2배 높이만큼 올라가도록 포컬 포인트 위치를 따라 꽂아준다.

4. 포컬 포인트 반대쪽에도 크기가 크고 눈에 띄는 꽃으로 골라 꽂아준다. 컬러가 진한 라넌큘러스을 선택하여 높낮이를 주며 꽂아준다. 단 양쪽이 같은 위치가 아닌 다른 위치에 꽂아주는 것이 자연스럽다.

5   라넌큘러스를 꽂은 쪽의 포컬 포인트 강조 위치에 아오이나나 미니 장미를 더 꽂아주면서 양쪽 균형을 맞춰준다.

6   양쪽 가로의 길이를 화기의 높이와 같은 길이로 잘라 양쪽에 꽂아주고 윗선도 강조해주기 위해 꽃을 꽂아준다. 이때 꽃줄기가 반듯한 꽃보다는 움직임이 있는 헬레보루스와 같은 꽃으로 선택하는 것이 좋다. 꽃의 얼굴 방향을 잘 확인하며 앞을 바라보도록 꽂는다.

7   양쪽 가로에서 조금 더 위쪽으로 자연스럽게 이어지도록 꽃을 꽂아준다. 왼쪽은 헬레보루스를 하나 더 꽂고, 오른쪽은 프리틸라리아를 꽂았다. 다른 꽃을 사용해도 좋지만 이때도 라인이 있는 소재를 사용하는 것이 중요하다. 위쪽에도 아오이나나 미니 장미에서 포컬 포인트로 떨어지는 라인이 이어지도록 프리틸라리아를 꽂아준다.

8   양쪽 가로로 꽂은 선이 곧은 느낌보다는 아래로 살짝 처지는 느낌을 내주기 위해 진한 컬러의 홍화목 잎을 꽂아준다. 전체적으로 밝고 화사한 컬러감이 주를 이루기 때문에 톤 다운된 와인색 컬러를 띤 잎을 넣어줌으로써 고급스러움을 강조한다.

9 아주 가는 잎의 클레마티스 줄기를 꽂아주면 비대칭 형태를 강조해줄 수 있다.

10 버터플라이 라넌큘러스는 일반 라넌큘러스에 비해 줄기가 가늘고 라인이 아름답기 때문에 내추럴 센터피스를 만들기에 적합한 꽃이다. 버터플라이 라넌큘러스와 헬레보루스, 스위트피로 전체적으로 빈 공간을 메워준다. 스위트피도 가늘고 라인이 예쁜 소재이기 때문에 길게 꽂아주는 것이 좋다.

11 마지막으로 에델바이스와 플록스의 얼굴이 잘 보이도록 길게 꽂아주어 마무리한다.

KEIRA FLEUR Flower Course

Flower Arrangement *Mini Natural Centerpiece*

KEIRA FLEUR Flower Course

Flower Arrangement *Horizontal Natural Centerpiece*

수평형 내추럴 센터피스
Horizontal Natural Centerpiece

넓은 화기에 제작된 낮은 내추럴 센터피스로 테이블 위에 아름답게 연출할 수 있는 작품이다. 컬러는 오렌지 톤으로, 식욕을 돋우는 컬러이므로 만찬 테이블 센터피스로 추천한다. 같은 컬러 톤의 오렌지, 자몽, 살구 등의 과일과 함께 연출하면 근사한 세팅을 할 수 있다.

이번에 사용한 화기는 플로랄 폼을 사용하거나 치킨망을 활용해 작품을 제작할 수 있다. 플로랄 폼 꽃꽂이로 여러 번 연습하고 치킨망을 사용하면 좀 더 완성도 있게 디자인이 가능하다.

그린 소재보다는 꽃을 위주로 준비하되 줄기가 가늘고 라인이 있는 꽃들로 선택한다. 컬러와 소재는 최대한 단순화하였지만 그 안에서 아름다움을 찾을 수 있도록 제작하였다.

재료

장미(젠) 5대
스위트피 6대
설유화 3대
버터플라이 라넌큘러스 5대
라넌큘러스 핑크 3대
라넌큘러스 오렌지 2대
플록스 3대

도구

화기
꽃가위
플로랄 폼
플로랄 폼 칼

제작 과정

1. 화기 안에 플로랄 폼을 움직이지 않도록 세팅한다. 플로랄 폼이 화기보다 1~2cm 정도 높이 올라오는 것이 좋다. 꽃을 아래로 늘어지는 모습으로 꽂기 위해서이다.

2. 설유화를 화기의 2배 정도의 높이가 되도록 꽂아, 높은 길이감을 표현한다. 이때 쭉 뻗은 가지보다는 줄기에 움직임이 있는 소재를 선택한다. 일방형으로 꽂을 경우에는 소재를 뒤로 5~10도 정도 눕혀서 꽂아주어야 안정적이다.

3. 양쪽의 길이는 전체 화기 넓이의 1/2 정도의 길이로 꽂아준다. 앞부분에는 꽃이 많이 들어가기 때문에 조금 뒷부분에 꽂아주는 것이 좋다.

4. 가운데 부분은 너무 길지 않도록 화기의 1.5배 정도의 높이로 꽂아준다. 2~3개의 선이면 충분하다.

5 포컬 포인트로 가장 크고 눈에 띄는 꽃을 선택하여 꽂아준다. 이 작품에서는 젠 장미를 사용하였다. 비대칭형 작품의 경우 포컬 포인트의 위치는 황금비율에 맞게 선정한다. 가로의 전체 길이를 8로 보았을 때 3:5(또는 5:3)로 나누어 3이 되는 위치에 포컬 포인트를 꽂고, 같은 꽃으로 포컬 포인트 강조용 꽃을 꽂아준다.
  이때 포컬 포인트 꽃은 가장 크고 예쁜 꽃으로 골라 사용하며, 강조용 꽃은 그보다 조금 작은 꽃으로 하면 좋다. 포컬 포인트 꽃의 길이는 화기 좁은 세로폭의 2배 길이로 한다. 강조용 꽃은 화기 세로 폭의 1배 길이로 재단하면 된다. 반대쪽에도 강조용 꽃 위치에 한 송이를 꽂아 균형감 있게 만든다.

6 버터플라이 라넌큘러스는 줄기가 곧지 않고 휘어져 있어 내추럴 센터피스를 만들기에 적절한 꽃이다. 주로 겨울에서 봄에 볼 수 있다. 아웃라인을 잡은 설유화 라인을 따라 바깥쪽부터 꽂아준다.

7 가운데 부분도 메워준다. 라넌큘러스 꽃의 높이는 양쪽 장미보다 낮게 꽂아주고, 화기 높이의 1배보다 높지 않게 신경 쓴다.

8 길이가 길고 라인이 있는 스위트피는 길게 꽂아주어 볼륨감을 주는 것이 좋다. 외곽선 라인에 주로 꽂아주고 앞쪽 아래로도 처지는 느낌으로 꽂아주면 춤을 추는 듯 꽃들이 살아있는 생동감을 느낄 수 있다.

9 젠 장미를 조금 더 추가한다. 높은 쪽은 설유화 길이의 2/3 지점에 꽂아주면 전체의 균형이 알맞게 보인다. 오른쪽 뒤에도 한 송이를 꽂아 깊이감을 더해준다.

10 젠 장미 주위에 스위트피 라인도 추가한다.

11 가운데 비어 있는 여백 공간에는 라인이 예쁜 봉오리나 얼굴이 아주 작은 꽃들이 위치하는 것이 좋다. 이 작품에서는 버터플라이 라넌큘러스의 봉오리를 사용하여 서로 마주 보며 인사하는 느낌으로 꽂아주었다. 최대한 자연스럽게 꽂기 위해서는 꽃들의 얼굴이 붙지 않고 어느 정도의 간격을 두어 서로 바라보며 말하듯이 꽂아주는 것이 중요하다.

12 핑크색의 라넌큘러스는 바깥쪽 꽃잎에 핑크빛이 도는 젠 장미 주위에 꽂아 컬러를 연결해준다.

13 오렌지색 라넌큘러스는 허전해 보이는 부분에 채워 강조해준다. 줄기에 라인이 있는 꽃으로 높게 꽂는다.

14 플록스는 깊이감이 부족한 부분에 길게 꽂아 볼륨감을 높여준다. 외곽선이 아쉬운 부분은 설유화를 조금 더 꽂아주어 마무리한다.

KEIRA FLEUR Flower Course

Flower Arrangement *Horizontal Natural Centerpiece*

KEIRA FLEUR Flower Course

Flower Arrangement *Horizontal Natural Centerpiece*

KEIRA FLEUR Flower Course

Flower Arrangement　　　　　　　　　　　　　　　　　　　*Front Facing Urn Arrangement*

대형 언화기 프론트 페이싱
Front Facing Urn Arrangement

대형 언화기 프론트 페이싱 센터피스 작품이다. 언화기(Urn vase)란 보통 허리가 잘록하게 들어간 화기를 말하는데, 대부분 대형 작품을 만들 때 많이 사용된다.

이 작품은 호텔 로비 장식, 또는 웨딩이나 파티 데커레이션으로 사용할 수 있다. 결혼식의 버진 로드 입구를 꾸미거나 신부대기실에 장식하는 것도 좋다. 웅장함을 느낄 수 있는 스타일로 천장이 높고 넓은 장소에 잘 어울린다.

Front Facing Urn Arrangement

재료

장미(크림프라그란스) 4대
장미(줄리아) 4대
장미(라피네포르테) 2대
장미(아오이나나) 4대
라넌큘러스 샬루트 3대
라넌큘러스 3대
양딸기나무 1단
조팝나무 1/2단
스위트피 총 7대(핑크 5대, 옐로우 2대)
초코 아미초 5대
수국 1대
미니 라그라스 1/2단

도구

언화기
꽃가위
방수 테이프
플로랄 폼
플로랄 폼 칼

제작 과정

1. 화기보다 플로랄 폼을 2cm 높게 세팅하고 모서리는 꽃을 꽂는 면적을 크게 하기 위하여 깎아낸다. 흔들리지 않도록 플로랄 폼을 방수 테이프로 고정해준다.
   라인이 가장 예쁜 양딸기나무를 골라 화기 높이의 1.5~2배 정도의 높이로 꽂는다. 일방형 디자인 이므로 꽂는 위치는 가운데보다 약간 뒤쪽으로 꽂아준다.

2. 양쪽에도 같은 양딸기 소재로 아웃라인을 잡아준다. 길이는 화기 높이 정도가 적당하다.

3. 비대칭 형태의 특징은 한쪽은 높이를 높게 하고(사진의 오른쪽), 반대쪽(사진의 왼쪽)의 길이는 높은 쪽의 반 정도 길이로 설정한다. 이때 사용하는 소재의 얼굴에 따라 더 잘 보이는 쪽을 기준으로 오른쪽, 왼쪽의 위치를 설정해준다.

4. 포컬 포인트는 가장 돋보이고 싶은 꽃으로 설정한다. 줄리아 장미 중에서 가장 크고 예쁜 꽃을 화기 지름의 2배 길이로 잘라 높게 올라간 양딸기나무의 위치를 따라 꽂아준다. 화기에 가깝게 꽂아 시선의 위치를 낮게 유도한다.

5   얼굴이 큰 꽃부터 꽂아준다. 라넌큘러스 샬루트는 얼굴이 굉장히 크고 화려하다. 이 꽃을 포컬 포인트로 사용해도 좋다. 화기 높이의 1/2 정도 되는 부분까지 꽃을 아래로 떨어뜨려 꽂아주면 꽃이 움직이는 듯 자연스럽게 연출할 수 있다. 포컬 포인트 반대쪽(왼쪽)에도 위로 높게 꽂은 양딸기의 라인을 따라 라넌큘러스를 꽂아준다. 이때 앞으로 나오는 꽃의 길이는 포컬 포인트보다 길지 않도록 한다. 크림프라그란스 장미는 빈 공간을 채우듯이 그루핑하여 꽂아준다.

6   양쪽으로 뻗어나가는 느낌으로 라넌큘러스 샬루트와 조팝을 꽂아 시원하게 라인을 크게 만들어준다.

7   가장 길게 뻗은 양딸기나무를 따라 옆쪽에 자연스럽게 이어지도록 줄리아 장미를 꽂아주고, 라넌큘러스 샬루트 사이에 라피네포르테 장미를 꽂아준다. 이때 높낮이를 크게 줄 수 있도록 라피네포르테 장미는 양쪽 라넌큘러스 샬루트보다 짧게 꽂아 깊이감을 형성한다.

8   가운데 부분은 수국을 아주 낮게 꽂아 채워주는 것이 좋다. 꼭 수국이 아니더라도 얼굴이 큰 꽃을 사용하여 채워준다. 이때 높이를 아주 낮게 플로랄 폼에 가깝게 꽂아주어야 깊이감이 크고 아름답게 보인다. 이 작품에서는 수국과 크림프라그란스 장미로 채워주었다.

9   왼쪽 아래쪽으로도 화기보다 낮게 크림프라그란스 장미를 꽂아준다. 한가운데 꽂지 않도록 주의한다.

10 오른쪽 길게 내려온 라넌큘러스 샬루트보다 약간 짧게 몇 가지 장미를 더해주면 좋다. 라피네포르테 장미를 사용해서 양쪽의 컬러 균형을 맞춰주었다.

11 장미와 라넌큘러스 샬루트 사이에 핑크색 스위트피를 전체적으로 꽂아준다. 스위트피는 라인이 예쁜 소재로 짧게 꽂기보다는 길이를 길게 살려주는 것이 좋다. 나풀나풀거리는 나비 같은 느낌의 꽃으로 장미와 닿지 않게 꽂아서 가볍게 살랑거리는 느낌을 표현해준다.

12 노란색의 스위트피도 함께 꽂아준다. 비어 있는 공간을 채우듯 꽂아준다.

13 아미초와 미니 라그라스를 더 길게 꽂아 바깥 라인을 살려준다.

마무리

대형 작품이므로 멀리서 보면서 꽂는다. 가까이에서 보게 되면 전체 라인이 잘 보이지 않고, 전체적인 느낌을 보기 어렵다. 완성 후 사진을 찍어보면서 바깥 라인이 너무 도드라보이지는 않는지 확인하고, 필요한 라인은 더 꽂아주고 불필요한 라인들은 정리하는 시간이 필요하다.

KEIRA FLEUR Flower Course

Flower Arrangement *Front Facing Urn Arrangement*

KEIRA FLEUR Flower Course

Flower Arrangement

Front Facing Urn Arrangement

3장

공간 스타일링
KEIRA's signature design for space

공간 스타일링의 이해

플라워 공간 스타일링이란 실내외의 공간을 화훼를 이용한 장식물이나 분식물을 이용하여 장식하는 것을 말한다.

실내의 경우에는 화훼, 분식물, 실내 정원으로 장식 표현이 가능하고, 실외의 경우에는 대형 꽃 장식부터 화훼 식물을 심어 만든 정원까지 다양한 표현이 가능하다. 실내 장식에는 파티나 웨딩 장식, 실외 장식에는 야외 웨딩이 대표적인 예라고 할 수 있다.

공간에 꽃과 식물을 장식할 때는 장소의 특징에 잘 어울리도록 구성하는 것이 중요하다. 가장 먼저 이벤트나 파티의 성격을 파악하고, 꽃이 놓일 장소를 파악한다. 천장이 높은 장소라면 행잉 데커레이션이나 높은 화기 장식이 어울리며, 천장이 낮은 장소라면 롱앤로우 센터피스나 꽃 폭포 테이블 데커레이션이 잘 어울린다.

*3장과 4장에 소개한 대형 작품은 케이라플레르 오프라인 클래스에서 수강생들과 함께 제작한 작품 사진들입니다.

KEIRA FLEUR Flower Course

KEIRA's signature design for space *Pumpkin Centerpiece*

호박 센터피스
Pumpkin Centerpiece

가을의 이벤트라 하면 핼러윈 데이가 가장 먼저 떠오른다. 핼러윈 데이에 꽃 장식을 한다면 당연 호박을 이용한 센터피스가 잘 어울릴 것이다. 늙은 호박을 활용해 가을의 분위기를 한껏 낼 수 있는 센터피스를 제작해보았다. 케이라플레르만의 감성을 더한 호박 센터피스로 핼러윈 데이의 파티 데커레이션을 제안한다.

이벤트용 작품에 그 계절에만 나오는 꽃과 소재를 사용하면 작품을 통해 계절을 더욱 잘 느낄 수 있다. 이 작품에서는 호박과 잘 어울리는 오렌지 톤의 꽃들 중에서도 여름에서 가을로 넘어가는 계절에 풍요롭게 만날 수 있는 달리아를 두 가지 사용했다.
달리아는 수명은 짧은 편이지만 화려하고 시선을 끄는 힘을 가지고 있다. 큰 꽃들을 4가지 정도 사용하고, 잔잔한 필러 플라워 소재들을 함께 활용하면 작품의 라인을 잘 표현할 수 있다.

재료

달리아(2가지 종류) 총 3대
카네이션 4대
장미(머스타드) 2대
장미(미아비) 1대
장미(치어리더) 1대
장미(어멘시아) 1대
장미(아오이푸가) 4대
리시안셔스 3대
옥스포드(2가지 종류) 4대
추명국 2대
수국 1/3 정도
홉 6~7대

도구

꽃가위
오아시스 픽스
핀 홀더
호박
플로랄 폼
플로랄 폼 칼

제작 과정

1 납작한 호박을 준비한다.

2 핀 홀더 아래 오아시스 픽스를 붙여 고정한다.

3 플로랄 폼 아래 한가운데에 핀 홀더를 고정한다.

4 호박에 꾹 눌러서 부착해준다.

5 홉과 덩굴 소재를 함께 꽂아준다. 덩굴 소재는 라인이 있는 것이 특징이다. 이 작품은 라인을 잘 살려서 디자인하는 것이 좋다. 비대칭형으로 한쪽은 올라가고 한쪽은 내려가는 방향으로 꽂아준다.

6 얼굴이 큰 달리아부터 먼저 자리를 잡아준다. 같은 꽃끼리 그루핑을 하게 되면 더 돋보이는 포컬 포인트를 만들 수 있다. 두 송이, 한 송이로 나누어 꽂아준다.

7 뒷부분에는 얼굴이 큰 머스타드 장미 두 송이를 그루핑하여 꽂아준다.

8 장미의 반대쪽에는 카네이션을 그루핑하여 꽂아준다. 3송이를 꽂을 때는 삼각형 구도가 되게 하여 꽂는 것이 자연스럽다. 깊이감 있게 높낮이를 다르게 해주며 카네이션을 꽂아준다. 가운데 부분은 수국을 소분하여 낮게 꽂아 빈 공간을 채워주는 것이 좋다.

9 앞쪽에도 장미를 아래쪽으로 향하게 하여 호박과 꽃의 빈 공간을 채워간다. 여기서는 큰 얼굴의 미아비 장미를 사용했다.

10 아오이푸가 미니 장미를 사용해서 예쁜 라인을 살려 길게 꽂아준다.

11 뒤로 돌려서 가늘고 예쁜 라인들을 길게 바깥쪽으로 꽂아준다. 치어리더 장미를 잘 보이는 곳에 그루핑해서 꽂는다. 이때 높낮이 차이를 두어 깊이감 있게 꽂아주는 것이 중요하다.

12 아래로 흘러내리는 홉 라인을 만들어주어 자연스러움을 더해준다. 가운데 비어 있는 곳은 아오이푸가 미니 장미로 채워준다.

13 크게 빈 공간은 얼굴이 큰 리시안셔스를 사용하고, 작게 빈 공간은 옥스포드를 사용해서 길게 꽂아 리듬감을 만들어준다.

14 옥스포드는 노랑색과 자주색 두 가지 컬러를 사용했다. 전체적으로 밝은 컬러톤에 암적색의 어두운 톤의 꽃을 두세 송이 섞어주면 고급스러운 느낌을 낼 수 있다.

KEIRA FLEUR Flower Course

KEIRA's signature design for space　　　　　　　　*Pumpkin Centerpiece*

15

15　얼굴이 예쁜 추명국은 길게 꽂아 얼굴이 보일 수 있도록 신경 써준다.

마무리
사방에서 보았을 때 빈 공간이 없는지 확인한다. 특히 꽃과 호박이 이어지는 부분에 빈 공간이 생기면 어색하기 때문에 꽃이 호박 위에 잘 어우러진 모습으로 위에서 아래로 떨어지는 덩굴 식물을 꽂아 자연스럽게 마무리한다.

센터피스 연출 팁
센터피스와 미니호박을 함께 매칭하면 조금 더 재미있는 연출이 가능하다.

KEIRA FLEUR Flower Course

KEIRA's signature design for space *Pumpkin Centerpiece*

호박 센터피스를 여러 개 만들어 테이블 센터피스로 활용할 수 있다. 초와 미니호박, 그리고 호박 센터피스만 있다면 화려한 핼러윈 파티 스타일링이 완성된다.

KEIRA FLEUR Flower Course

KEIRA's signature design for space *Candle Labra*

촛대 장식
Candle Labra

웨딩과 파티 데커레이션으로 주로 활용되는 촛대 장식(캔들 라브라)이다. 테이블 위에 올려놓을 수 있는 작은 사이즈의 촛대 장식인 캔들 라브라는 앤티크한 느낌의 작품으로, 빈티지 콘셉트의 파티 데커레이션에 추천한다. 러블리한 느낌의 핑크톤으로 브라이덜 샤워 파티용으로 사용하기에도 좋다.

캔들 라브라는 얼굴이 큰 꽃 몇 송이만으로 풍성한 느낌을 줄 수 있다. 튤립과 클레마티스가 눈에 띄는 작품으로, 전체적으로 얼굴이 크지만 라인이 예쁜 꽃들을 사용하여 자연스러움을 살렸다.

Candle Labra

재료

튤립 3대
장미(씨아네모네) 2대
장미(솔라)
스위트피 7대
클레마티스 2대
수국 1/2 개

팬지 3대
버터플라이 라넌큘러스 2대

도구

꽃가위
방수 테이프
플로랄 폼
촛대
초 3개

제작 과정

1 촛대에 초를 고정한 후 플로랄 폼을 양쪽에 하나씩 대고 고정하여 세팅한다

2 양쪽에 플로랄 폼을 대준 모습. 방수 테이프로 두 줄씩 여러 번 감아 단단하게 고정한다.

3 잘 고정해준 모습이다.

4 양쪽에 눈에 띄는 꽃을 꽂아 시선을 분산해주는 것이 좋다. 먼저 왼쪽에 튤립을 꽂아준다. 길이는 촛대에서 10cm 정도 앞으로 튀어나오게 꽂아 볼륨감을 살려준다. 다시 한 송이는 위쪽, 한 송이는 처음 꽃보다 낮게 촛대에 붙여서 꽂아 전체적으로 삼각구도를 살리되 높낮이를 크게 주어 깊이감을 준다.

5 오른쪽에는 씨아네모네 장미를 꽂아 균형감을 맞춰준다. 2대 혹은 3대를 꽂아준다. 마찬가지로 삼각구도로 꽂아주는 것이 좋다.

6 씨아네모네 장미를 왼쪽 바깥쪽에도 꽂아 라인을 살려준다. 촛대보다는 높지 않도록 길이에 신경 쓴다.

7 가운데 부분에는 수국을 사용해서 플로랄 폼을 가려준다. 수국이 잘 들어가지 않을 경우 27번 지철사를 이용하여 트위스팅법으로 와이어링을 하고 넣어준다.

8 스위트피를 장미보다 높게 꽂아 리듬감을 넣어준다. 전체적인 컬러감을 분산시키는 것이 좋다.

9   양쪽의 가로 길이는 촛대 가로 길이의 1/2 정도가 양쪽에서 더 길어지는 느낌으로 꽂아준다.

10 컬러가 진한 클레마티스는 작품의 포인트가 될 수 있다. 포인트가 될 만한 컬러는 다른 컬러보다는 훨씬 적은 양을 사용하여 대각선 방향으로 포인트를 주었다. 클레마티스는 하늘하늘한 라인을 가진 꽃으로 장미보다 조금 더 튀어나오도록 꽂아준다.

11 솔라 장미와 버터플라이 라넌큘러스는 오른쪽 위쪽에 넣어 왼쪽의 튤립과 균형을 맞춰주는 것이 좋다. 가운데 수국만 들어간 부분은 작은 꽃들을 넣어 질감을 살려준다. 얼굴이 잔잔하면서도 포인트가 되는 팬지를 사용했다.

KEIRA FLEUR Flower Course

KEIRA's signature design for space *Candle Labra*

마무리

바깥쪽 라인에 특히 신경 써서 제작한다. 굴곡이 많을수록 작품이 훨씬 더 자연스럽게 연출이 되기 때문에 너무 큰 꽃들을 가득 메우기보다는 여백을 주면서 구불거리는 라인감을 가진 꽃들을 길게 넣어 연출한다. 일방화로 제작하는 경우 뒤쪽은 그린 소재를 사용하여 메우고, 사방화인 경우 앞면과 동일하게 꽂아준다.

KEIRA FLEUR Flower Course
KEIRA's signature design for space

Candle Labra

KEIRA FLEUR Flower Course

KEIRA's signature design for space

Candle Labra

KEIRA FLEUR Flower Course

KEIRA's signature design for space   *Candle Labra*

작품 연출 팁

이 작품을 테이블에 올려두는 테이블 데코용으로 활용하면 아름다운 파티 테이블이 완성된다. 긴 테이블을 사용하는 경우에는 촛대 장식과 여러 가지 핑거 푸드, 식기를 함께 세팅하면 근사한 테이블 스타일링을 완성할 수 있다.

KEIRA FLEUR Flower Course

KEIRA's signature design for space *Flower Waterfall Table Decoration*

꽃 폭포 테이블 데커레이션
Flower Waterfall Table Decoration

테이블에서 물이 흐르듯이 꽃으로 폭포를 만드는 디자인이다. 테이블에서 자연스럽게 아래로 떨어지는 느낌을 표현하는 것이 중요하다. 이 작품에서는 갈란드 플로랄 폼을 여러 개 연결하여 꽃을 아래로 떨어뜨리며 연출했다. 테이블 위에는 일반 플로랄 폼을 사용하여 지그재그로 두고 약간의 여백을 주었다.

갈란드폼은 폼 자체가 아주 작기 때문에 여러 번 수정을 하게 되면 폼이 망가질 수 있으므로 주의한다. 또한 동그랗게 생긴 폼의 형태상 좌우로 돌아갈 수 있기 때문에, 좌우의 무게감을 동일하게 만들어야 하는 것도 주의할 점 중 하나이다. 폼 양쪽의 무게감이 동일하도록 신경을 쓰면서 꽃은 그루핑하여 꽂아 깊이감 있게 구성한다. 가벼운 꽃을 길게 사용하는 것이 좋다. 테이블 위의 꽃과 테이블 아래로 떨어지는 꽃이 자연스럽게 하나로 이어지듯이 연결한다.

연출 시 테이블에는 꽃과 잘 어울리는 초와 식기로 장식한다. 와인 파티 데커레이션으로도 추천하는 스타일링이다.

KEIRA FLEUR Flower Course

KEIRA's signature design for space   *Flower Waterfall Table Decoration*

218

KEIRA FLEUR Flower Course

KEIRA's signature design for space *Flower Waterfall Table Decoration*

KEIRA FLEUR Flower Course

KEIRA's signature design for space   *Dessert Plate Table Styling*

디저트 플레이트를 이용한 테이블 스타일링
Dessert Plate Table Styling

러블리한 느낌의 디저트 플레이트를 이용한 테이블 데커레이션으로, 티 파티나 브라이덜 샤워 스타일링으로 추천한다.

2단 디저트 플레이트를 사용하여 꽃으로 장식하는 센터피스는 높낮이와 깊이감이 중요하다. 접시가 살짝 보이는 것이 더 좋으며, 위아래를 자연스럽게 이어주는 라인의 소재가 필요하다. 클레마티스는 케이라플레르가 가장 좋아하는 소재로, 내추럴한 라인을 표현할 때 자주 사용하고 있다.

이 작품에서는 다양한 꽃들을 사용하기 때문에 그루핑이 필수이다. 여러 가지 소재를 하나씩 분배해서 꽂을 경우 자칫 어지러워 보일 수 있다. 같은 꽃을 사용하더라도 어떻게 꽂느냐에 따라 완성도에 큰 차이가 나게 된다.
제작 시 주로 같은 꽃끼리 그루핑을 하여 높낮이를 크게 주어 구성한다. 작은 센터피스이지만 깊이감과 볼륨감을 크게 주어 꽃들이 살아 있는 듯한 생동감을 느낄 수 있도록 한다. 또한 테이블 가까이에서 감상하는 센터피스이기 때문에 섬세하게 마무리하는 것이 중요하다.

완성한 센터피스는 테이블 위에 두고 식기를 함께 플레이팅하여 완성한다. 영문 캘리그라피를 사용한 메뉴판은 케이라플레르에서 직접 만들어 사용하고 있다.

KEIRA FLEUR Flower Course

KEIRA's signature design for space *Dessert Plate Table Styling*

KEIRA FLEUR Flower Course

KEIRA's signature design for space

Dessert Plate Table Styling

KEIRA FLEUR Flower Course

KEIRA's signature design for space *Flower Cloud Hanging Decoration*

미모사 행잉 꽃 구름
Flower Cloud Hanging Decoration

미모사로 만든 꽃 구름 행잉 데커레이션이다. 구름을 드라마틱하게 표현하기 위해 낚시줄을 이용해 공중에 둥둥 떠 있는 구름을 연상하도록 만든다.

먼저 치킨망을 원하는 형태와 사이즈로 구겨서 아웃라인을 잡는다. 단단한 낚시줄을 여러 겹 사용하여 치킨망을 튼튼하게 달아준 후 드라이가 가능한 소재들을 사용하여 장식한다.
오랫동안 디스플레이를 할 경우에는 드라이가 되는 소재를 사용하고, 하루 동안 장식하는 웨딩이나 파티 데커레이션에 금방 시들 수 있는 절화를 사용해야 할 경우 워터픽을 사용하여 장식하면 좋다. 다만 워터픽이 많아지면 작품의 무게가 너무 무거워질 수 있으니 주의하도록 한다.

봄이 되면 노란 미모사가 꽃시장에 많이 등장한다. 미모사를 가득 사용하여 꽃 구름을 만들고, 테이블에 간단한 데커레이션을 해주면 화사한 파티 스타일링을 완성할 수 있다.

KEIRA FLEUR Flower Course

KEIRA's signature design for space

Flower Cloud Hanging Decoration

230

KEIRA FLEUR Flower Course

KEIRA's signature design for space *Wedding Arch*

웨딩 아치
Wedding Arch

야외 웨딩에 잘 어울리는 내추럴한 웨딩 아치이다. 케이라플레르의 색감을 잘 담아낸 웨딩 아치 스타일로 밝으면서도 빈티지하고 부드러운 컬러감으로 디자인하였다.

웨딩 아치는 크게 라운드와 스퀘어 형태로 나눠지는데, 케이라플레르에서는 주로 스퀘어 형태로 디자인하고 있다. 아치를 제작할 때는 멀리서 보면서 전체적인 아웃라인을 파악하는 것이 가장 중요하다. 양쪽을 비대칭으로 디자인하여 한쪽을 조금 더 강조해주고, 전체를 꽃으로 가득 메우기보다는 어느 한 부분을 비워서 여백을 두는 것이 훨씬 더 자연스럽다.

재료를 고를 때는 얼굴이 큰 꽃들 위주로 고르고, 잔잔한 필러 플라워의 비중은 줄이는 것이 좋다. 대신에 그린 소재는 신중히 골라 라인을 잘 나타내줄 수 있는 소재들을 사용하면 보다 내추럴한 아치를 제작할 수 있다.

KEIRA FLEUR Flower Course

KEIRA's signature design for space *Wedding Arch*

KEIRA FLEUR Flower Course

KEIRA's signature design for space

Wedding Arch

4장

케이라플레르 이야기
The Story of KEIRA FLEUR

1.
케이라플레르의 색채 조합
Color Combination

케이라플레르의 색채 조합과 디자인

화훼 장식에서 가장 중요한 요소는 색채라고 할 수 있다. 조형을 표현할 때의 구성 비율은 색상이 70%, 형태가 25%, 질감이 5%이다. 각 요소 중에서도 색채가 가장 큰 비중을 차지하기 때문에, 작품을 볼 때 대부분의 사람들에게는 색채가 가장 먼저 눈에 들어오고, 그다음으로 형태가 인지된다. 특히나 꽃에는 무궁구진한 색들이 많아 색의 조합을 다양하게 할 수 있다는 장점이 있다.

그렇다면 아름다운 플라워 작품을 만들기 위한 색의 조합은 어떻게 하면 좋을까? 이 챕터에서는 케이라플레르만의 색채 조합 팁을 공개하고자 한다. 참고로 명도는 색의 밝고 어두운 정도를 말하며 채도는 색의 맑기, 즉 선명한 정도를 말한다.

KEIRA FLEUR Flower Course

The Story of KEIRA FLEUR *Color Combination*

단일색 조화(Monochromatic)

한 가지 색상 범위에서 명도와 채도에 차이를 두어 다르게 배색하는 것을 단일색 조화, 혹은 동일색 조화라고 한다. 이 경우 꽃은 한 가지 색상으로 통일한다. 흰색×녹색의 조합이 대표적이며, 자칫 단조로워 보이지 않도록 열매 소재를 함께 사용하는 것이 좋다.

유사색 조화(Analogous)

하나의 색을 결정한 후 색상환에서 그 색의 양쪽에 인접한 2~4가지 색을 배색하는 방식으로, 유사색 조화 또는 인접색 조화라고 한다.

이를 위해서는 먼저 색상환에서 인접한 색상을 조합해본다. 비교적 쉽게 시도할 수 있는 조합으로는 보라색×암적색 조합을 추천한다. 여기에 포인트를 주고 싶을 경우에는 브라운 색상의 컬러를 조합하는 것이 팁이다. 톤을 살짝 낮추게 되면 세련된 느낌을 줄 수 있다.

보색 조화(Complementary)

색상환에서 서로 반대되는 색을 배색하는 것을 보색 조화라 한다. 이 조합을 사용하면 극적이고 강렬한 느낌을 줄 수 있다. 예를 들어 보라색×노랑색을 대비시킬 경우 보라색의 컬러를 톤 다운 하여 사용하는 것이 세련된 느낌을 줄 수 있다. 반대로 노랑색은 채도가 높은 선명한 색감의 꽃을 고르는 것이 좋다.

여기에 암적색 컬러를 2~3송이 넣는 것이 케이라플레르만의 세련된 색감 조합 방법이다. 초콜릿색의 초코 코스모스 또는 옥스포드 등이 대표적이다. 이러한 색채 조합은 강렬한 악센트를 주어 시크한 분위기를 자아내므로 세련되고 감각적인 느낌으로 작품을 완성할 수 있다.

KEIRA FLEUR Flower Course

The Story of KEIRA FLEUR *Color Combination*

개인적으로 꽃의 색상은 무엇보다 그 계절에 잘 어울리는 색상을 고르는 것이 가장 중요하다고 생각한다. 꽃은 언제나 계절을 하나 앞서가기 때문에 작품에서 계절감을 충분히 느낄 수 있도록 연출하는 것이 좋다.

또한 꽃이 연출될 공간도 미리 확인해서 색상 조합 시 참고하도록 한다. 예를 들어 대리석 테이블 위에 작품이 놓일 경우에는 화기는 어떤 것을 선택하는 것이 좋을까? 반짝이는 유리 또는 반짝이는 세라믹 화기가 잘 어울릴 것이다. 컬러는 화이트 또는 블랙이 무난하다.

빈티지한 공간의 나무 테이블이라면 반짝이는 재질보다는 철제 화기나 나무 재질 또는 무광의 세라믹이 어울린다. 공간의 전체적인 색감과 꽃이 연출될 테이블의 재질 등도 모두 고려해야 전체적인 분위기가 잘 어우러지는 세팅이 완성된다는 점을 잊지 말자. 플로리스트는 플라워 디자인만이 아닌 전체적인 스타일링도 할 수 있어야 한다.

KEIRA FLEUR Flower Course

The Story of KEIRA FLEUR *Color Combination*

케이라플레르가 가장 좋아하는 컬러는?

실제로 내가 수업 시간에 가장 많이 듣는 질문은 "선생님은 꽃을 살 때 컬러 조합을 어떻게 하시나요? 꽃시장에서 꽃 사는 것이 너무 어려워요. 예쁘다고 생각해서 샀는데 집에 와서 보면 어울리지 않아 매번 실패해요."라는 말이다.

꽃은 정해져 있는 컬러가 없는 자연의 색이기 때문에 같은 꽃이라 하더라도 한 단에 컬러가 여러 가지로 있는 경우도 있고, 어제는 밝은색이었는데 오늘 꽃시장에 가보면 좀 더 어두운색이 입고되기도 하는 등 매번 다르다.

그렇기 때문에 내 경우에는 무난한 여러 가지 컬러에 포인트가 되는 강조 색을 섞는 방식으로 꽃을 구입하고 있다. 사실 컬러 조합에는 정답이 없다. 꽃 안에서도 작품 안에서도 색에 대한 정답은 없다고 생각한다. 다만 내가 느꼈을 때 가장 아름답다고 생각하는 것, 그것을 추구하는 것이 바로 나만의 정답이 아닐까 생각한다.

KEIRA FLEUR Flower Course

The Story of KEIRA FLEUR *Color Combination*

개인적으로는 꽃의 컬러 조합 중에서도 블루&퍼플 톤을 가장 좋아한다. 그리고 여기에 두 가지 컬러를 잘 이어줄 수 있는 브라운 톤의 꽃을 넣는 편이다. 봄, 여름이라면 밝은색 계열이 잘 어울리기 때문에 연한 하늘색에서 연보라, 흰색(설유화, 스위트피, 수선화, 프리틸라리아 등)을 중심으로 초콜릿색이나 브라운 계열의 꽃을 사용하고, 겨울에는 눈이 떠오르는 은색의 소재를 함께 섞어주거나 진한 파란색, 보라색의 꽃(염색 튤립, 델피늄, 무스카리, 히아신스, 아네모네 등)을 주로 사용한다.

KEIRA FLEUR Flower Course

The Story of KEIRA FLEUR

Color Combination

KEIRA FLEUR Flower Course

The Story of KEIRA FLEUR *Color Combination*

248

KEIRA FLEUR Flower Course

The Story of KEIRA FLEUR *Color Combination*

또한 선명한 명도나 채도가 높은 색을 전체적으로 사용하지 않고, 대부분 연한 색감에 선명한 컬러를 5% 정도 강조 색으로 사용하는 것을 선호한다. 가끔씩 케이라플레르의 색감이 전체적으로 파스텔 톤이라는 피드백을 듣곤 하는데 케이라플레르에서 플라워 디자인을 할 때 전체적으로 모두 연한 파스텔 톤으로 제작하지는 않는다. 오히려 사랑스러운 색감들만 가득 모아두는 컬러 조합은 지양하는 편이다.

은은하면서도 세련된 느낌, 우아하면서도 고급스러운 느낌의 색감을 추구한다. 어떤 작품이든 그 안에서 강조되는 컬러가 꼭 있고, 채도가 낮은 컬러는 반드시 넣으려고 노력한다. 그렇기 때문에 많은 분들이 빈티지한 느낌이 든다고 말씀해주시는 것 같다.

무엇보다도 꼭 강조하고 싶은 건, 전체적으로 빈티지한 컬러감만 사용하게 되면 꽃들이 대부분 시들어 보인다는 점! 전체적으로 생동감 있는 컬러에 빈티지한 컬러감을 살짝 섞는 것이 세련된 조합이라고 할 수 있다.

KEIRA FLEUR Flower Course

The Story of KEIRA FLEUR *Color Combination*

컬러마다 특히 예쁜 조합이 있을까?

케이라플레르가 선호하는 각 컬러만의 조합은 있다. 일반적이지 않은 특별한 느낌을 좋아해서, 항상 새로운 소재를 만나면 반드시 구입하고 있다.

핑크 그러데이션 톤에 연한 피치 톤 한 방울이 주는 사랑스러움

핑크는 대중적으로 가장 많이 사랑받는 꽃 컬러일 것이다. 하지만 너무 많은 작품에서 쉽게 볼 수 있기 때문에 나는 핑크 톤의 꽃을 많이 사용하지는 않는다. 연한 핑크 톤의 컬러감에 피치 톤을 섞게 되면 일반적이지 않고 신선한 느낌을 줄 수 있다. 실제로 이 조합은 많은 분들에게 컬러 칭찬을 참 많이 받았던 작품이다.

KEIRA FLEUR Flower Course

The Story of KEIRA FLEUR *Color Combination*

연노랑 + 피치 + 오렌지 + 브라운의 세련됨

체어 장식을 예로 들면, 보통 연노랑에 피치, 오렌지 컬러 조합을 많이 쓴다. 여기에 자주색에 가까운 브라운 염색 튤립과 진한 브라운 컬러의 바질을 사용하여 고급스러움을 더했다. 언제나 아주 적은 양의 어두운 컬러를 조합하는 것을 즐긴다.

KEIRA FLEUR Flower Course

The Story of KEIRA FLEUR *Color Combination*

연보라 + 진보라 + 블루가 주는 고급스러움

보라 톤에도 참 다양한 컬러의 꽃들이 존재한다. 말로 표현할 수 없을 만큼 다양한 보라색이 있지만 그중에서도 그레이에 가까운 투명한 느낌의 보라 톤을 아주 좋아하는 편이다. 요즘에는 꽃시장에서 염색되어 나오는 꽃의 컬러도 정말 많고 저마다 매력이 있기 때문에 여러 가지 소재를 시도해보는 것도 좋다. 이 작품은 꽃시장에서 처음 발견한 염색 블루 작약을 사용한 작품이다.

KEIRA FLEUR Flower Course

The Story of KEIRA FLEUR   Color Combination

연노랑 + 그레이 + 연보라 조합의 편안함

자칫 차가워 보일 수 있는 그레이 컬러는 따뜻한 연노랑 컬러와 조합하면 편안한 느낌으로 사용할 수 있다. 전체적으로 연한 컬러이기 때문에 초콜릿 컬러를 넣어 포인트를 주거나 진한 노란색을 넣어서 밝은 느낌을 더해준다.

KEIRA FLEUR Flower Course

The Story of KEIRA FLEUR *Color Combination*

연노랑 + 핑크 + 다홍 + 연보라의 봄의 느낌

작품에서 계절감을 잘 표현하는 것은 플로리스트의 가장 중요한 역량이 아닐까 생각된다. 아지랑이가 피어오르는 기분 좋은 봄에는 따스한 햇살 같은 느낌을 꽃으로 잘 표현해야 한다. 전체적으로 사랑스러운 컬러에 다홍색을 넣어서 포인트를 주었다. 핑크도 자세히 보면 여러 가지 핑크 톤을 사용하여 단조로운 느낌에서 벗어난 것을 볼 수 있다.

KEIRA FLEUR Flower Course

The Story of KEIRA FLEUR   *The Life of the Florist*

KEIRA FLEUR Flower Course

The Story of KEIRA FLEUR   *The Life of the Florist*

2.
플로리스트의 삶
The Life of the Florist

케이라플레르 히스토리

이 책을 읽고 있는 많은 분들이 플로리스트 김애진은 어떠한 계기로 꽃을 시작하게 되었고, 어떠한 과정을 거쳐 지금의 케이라플레르로 성장했는지 궁금해하실 것 같아요. 이번 장에서는 꽃일을 하고 있는 한 사람으로서 제 자신의 이야기를 들려드리고자 합니다.

제가 어릴 적부터 어머니가 꽃꽂이를 자주 하셨는데 그 시절 어머니 곁에서 호기심에 꽃을 만졌던 경험이 지금의 일을 하는 데 큰 영향을 준 것 같아요. 이후 충북대학교에서 원예학을 전공하면서 제 적성과 굉장히 잘 맞는다고 느꼈고, 원예의 다양한 분야를 깊이 있게 공부하기 시작했어요. 항상 감사하게 생각하는 점은 당시에 부모님께서 학교 외에도 플로리스트 전문 교육기관에서 좀 더 공부할 수 있도록 지원해주셨어요.

어머니의 화병 꽂이와 저자.

어머니가 사용하시던 꽃가위.

KEIRA FLEUR Flower Course

The Story of KEIRA FLEUR　　　　　　　　　　　　　　　　*The Life of the Florist*

학생으로서 여러 학교나 기관에서 꽃을 배우기도 했지만 플라워 숍, 웨딩 꽃 장식, 돌상 장식 등 꽃과 관련 있다고 생각하는 분야를 찾아 파트타임으로 근무하기도 했어요. 하지만 막상 대학을 졸업하고 나서는 은행에 입사하게 되었는데, 근무를 하다 보니 그동안 제가 걸어온 길과는 너무 방향이 다른 데다 졸업하면서 너무 주관 없이 흐름에 휩쓸려 취업을 했다는 회의감이 들더라고요.

직장 생활을 하면서 정신없이 바쁘고 피곤한 와중에도 계속 꽃 일을 하고 싶다는 생각이 멈추지 않았고, 머릿속에서 더욱 명확해지더라고요. "당장 돈을 덜 벌더라도 내가 진짜 하고 싶은 일을 해야겠다."라고 결심하며 직장을 그만두고 플라워 숍에 취업을 했어요.
실제로 꽃 일을 해보신 분들은 아시겠지만 이 분야는 보이는 것보다 훨씬 고되고 힘든 직업이에요. 체력적으로나 일을 둘러싼 여러 환경 등이 훨씬 힘들었지만 꽃에 관한 일을 한다는 것 자체가 즐겁고, 제가 잘할 수 있는 것들을 계속해서 찾아서 하다 보니 벌써 17년이라는 시간이 흘렀네요.

그렇게 다수의 플라워 숍 근무를 거쳐, 플로리스트 학원에서도 강의를 할 기회가 있었는데 누군가에게 꽃을 가르치는 일이 숍에서 플라워 상품을 다루는 것과는 또 다른 매력이 있더라고요.
어느 날 강의를 끝내고 텅 빈 강의실에 잠깐 앉아 쉬고 있는데, 수업 내용을 열심히 듣는 학생들과 예쁘게 완성된 학생들의 작품 등 여러 가지 기분 좋은 요소들이 복합적으로 떠오르면서 '지금 이 순간이 너무 좋다'는 감정이 가득 차올랐던 순간이 지금도 생생하게 기억나요. 그리고 이런 기분은 수년이 지난 지금도 종종 느껴지곤 해요. 그만큼 제가 플로리스트라는 직업을 많이 좋아하기 때문이겠죠?

케이라플레르는 2014년 12월 1일에 개업했어요. 당시 서울 선릉역 근처의 낡은 건물 14층에 7~8평(25m^2) 정도의 작은 사무실을 임대해 사용했는데, 햇빛이 거의 안 들어오는 공간이라 수업 후 작품 촬영을 엘리베이터가 있는 복도 창가 쪽에서 했어요. 거의 매 수업 학생들과 같이 꽃과 소품들을 복도까지 힘들게 옮겨서 촬영했는데 힘든 내색 없이 함께해준 학생들 한 분 한 분께 지금도 너무 감사해요. 사실 첫 작업실을 임대하기 전 어느 카페의 스터디룸을 잠깐씩 대여해 플라워 레슨을 한 적이 있어요. 스터디 카페는 꽃 작업을 하기에는 여건상 한계가 있기 때문에 학생분들께 미안했죠. 당시 작업 테이블 하나 있는 아주 작은 나만의 아틀리에가 있으면 너무 좋겠다고 생각했는데, 결국 일을 벌이고 만 거예요.

KEIRA FLEUR Flower Course

The Story of KEIRA FLEUR *The Life of the Florist*

케이라플레르의 첫 번째 작업실. 햇빛이 안 드는 공간이라 항상 복도 창가 앞에서 촬영했다.

케이라플레르의 두 번째 작업실. 채광이 좋고, 가벽이 있어 2개의 방으로 나뉜 공간이다.

KEIRA FLEUR Flower Course

The Story of KEIRA FLEUR *The Life of the Florist*

2014년 겨울, 개업 초기에는 진선여자고등학교 근처의 아파트 단지를 돌며 홍보 전단지를 돌리고, 5월 가정의 달에는 상품을 제작해 선릉역 앞에서 꽃을 판매하며 손님들에게 홍보물을 나누어 드렸는데 매 순간 학생들이 함께 도와주실 만큼 제 주위에는 고마운 분들이 많아요.

천안제일고등학교에 정기 출강해서 학생들에게 플라워 디자인을 강의했던 것도 감사한 경험이었어요. 어린 학생들의 흡수력과 창의력은 정말 놀라웠죠. 가르쳤던 학생이 대회에 출전해 1위를 한 적도 있고, 대학에 진학해 플라워 디자인을 전공하고 있다는 연락을 받았을 때도 정말 반갑고 뿌듯했어요.

처음 시작한 작업실이 학생 수에 비해 장소가 협소하다 보니 아무래도 아쉬운 점이 많았어요. 그래서 개업 후 7~8개월쯤 지나 면적이 두 배 정도 넓고 채광이 좋은 작업실로 옮기게 되었는데, 이마저도 금세 공간이 부족해져서 1년을 못 채우고 다시 작업실 이사를 결심하게 되었어요. 어느덧 함께하는 인원도 늘어나고, 개인적으로 공간 장식을 너무 좋아해서 연출의 완성도를 높이려면 어느 정도 공간감이 있는 작업실이 필요하다고 판단했어요.

케이라플레르가 세 번째로 자리 잡은 삼성동 작업실은 건물 옥상에 전면이 통유리로 된 독특한 구조였고, 층고가 5미터 정도의 아름다운 공간이었죠. 작업실 이전을 자주 하다 보니 이번에는 정말 마음에 쏙 드는 공간에서 오래 있고 싶다는 생각이 간절했어요. 스튜디오 느낌의 높은 층고가 있고, 채광이 좋고, 통풍이 잘되면서 가급적 야외 테라스도 있으면 좋겠다는 까다로운 기준으로 제가 원하는 공간을 찾기 위해 서초와 강남권을 위주로 매물을 직접 보러 다녔어요. 당시에 적어도 약 60~70개 정도의 매물을 봤던 것 같아요. 재미있는 건 정작 마음에 들어 계약하게 된 공간은 길을 걷다가 아주 우연히 발견했다는 거죠.

KEIRA FLEUR Flower Course

The Story of KEIRA FLEUR *The Life of the Florist*

그렇게 이사한 삼성동 작업실에서 4년 정도 지내면서 케이라플레르에도 정말 많은 일이 있었어요. 함께 근무하는 선생님들이 많아지면서 케이라플레르가 할 수 있는 업무 영역도 보다 넓어지고, 브랜드 인지도도 더욱 탄탄해진 것 같아요. 플라워 클래스 외에 웨딩 및 조경 신규 사업, 업체 간 협업, 상품 제작과 주문 그리고 가장 큰 변화는 바로 외국인 학생들을 대상으로 한 클래스였어요. 미국, 중국, 싱가포르, 인도네시아, 말레이시아 등 다양한 국가에서 온 외국인 학생들이 케이라플레르의 플라워 클래스를 듣기 위해 한국을 방문하기도 하고, 케이라플레르가 해외 워크숍 강사로 초청되어 해외로 직접 강의를 가는 경우도 많아졌어요. 외국인 학생들은 현지에서 꽃을 배웠다고 해도 한국 학생들과는 꽃에 대한 배경지식, 테크닉 등이 많이 달라요. 하루나 이틀 동안 몇 개의 작품만 배울 수 있고, 가능한 한 많은 것들을 알려 드리기 때문에 일반적인 정규 클래스보다 몇 배는 더 에너지 소모가 컸던 것 같아요.

플라워 클래스 외 사업 영역이 다양해지면서 선생님들과 업무를 분업하고, 임직원 교육시스템 도입, 업무 절차 등을 표준화해서 효율성을 높이기 위한 노력을 많이 했어요. 업무량도 많고 근무 시간도 길었기 때문에 케이라플레르와 함께한 선생님들이 정말 고생 많으셨어요. 확신하지만 그동안 함께했던 선생님들 덕분에 케이라플레르가 현재의 모습으로 성장할 수 있었어요. 지금은 많은 케이라플레르 선생님들이 독립해 자신만의 플라워 숍을 운영하고 계시지만, 업계의 동료로서 항상 응원하는 마음을 가지고 있답니다.

케이라플레르의 세 번째 작업실. 채광이 굉장히 좋았고, 공간 자체가 아름다워 대형 작품이나 공간 장식 등 다양한 디자인을 구현할 수 있는 아틀리에였다.

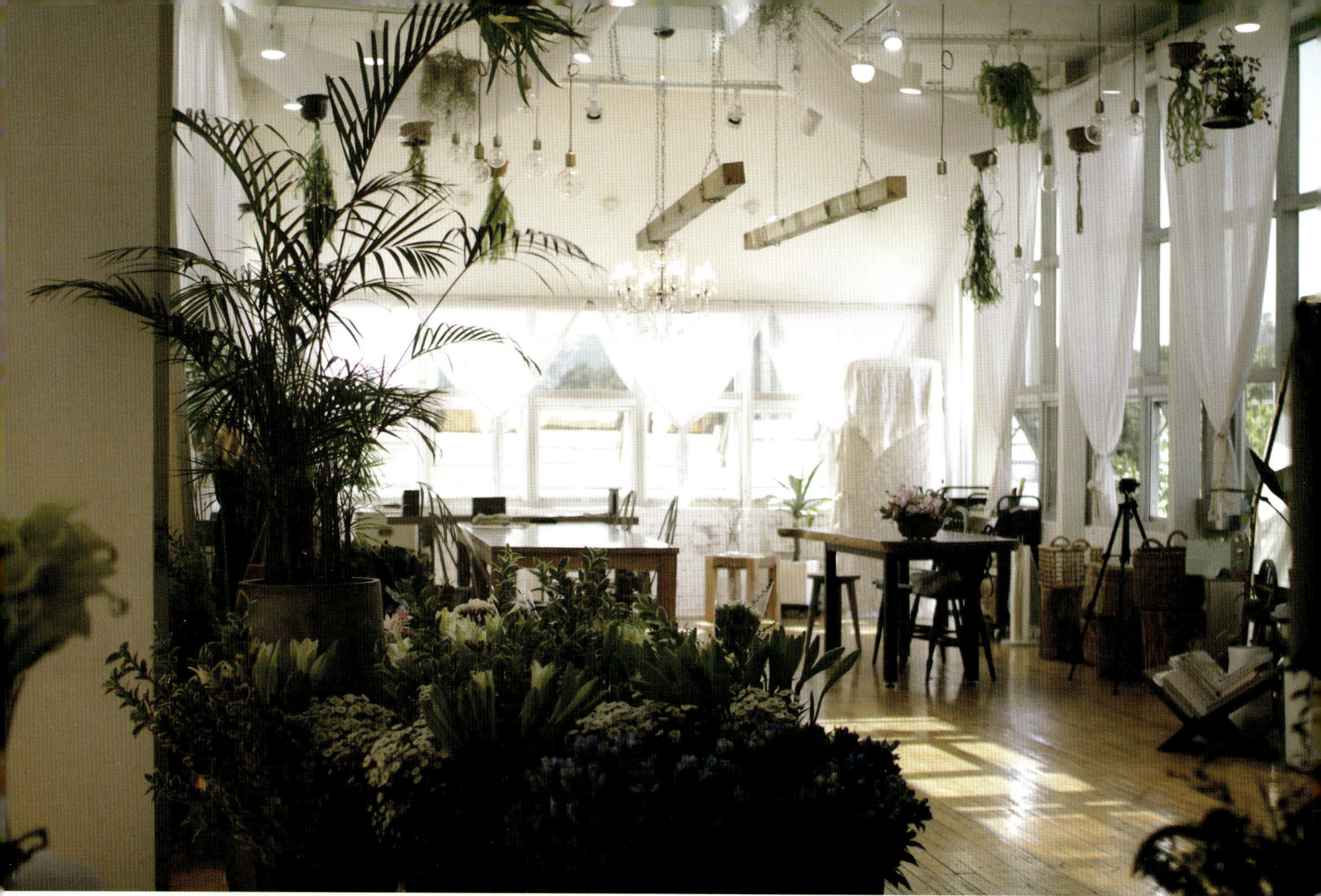

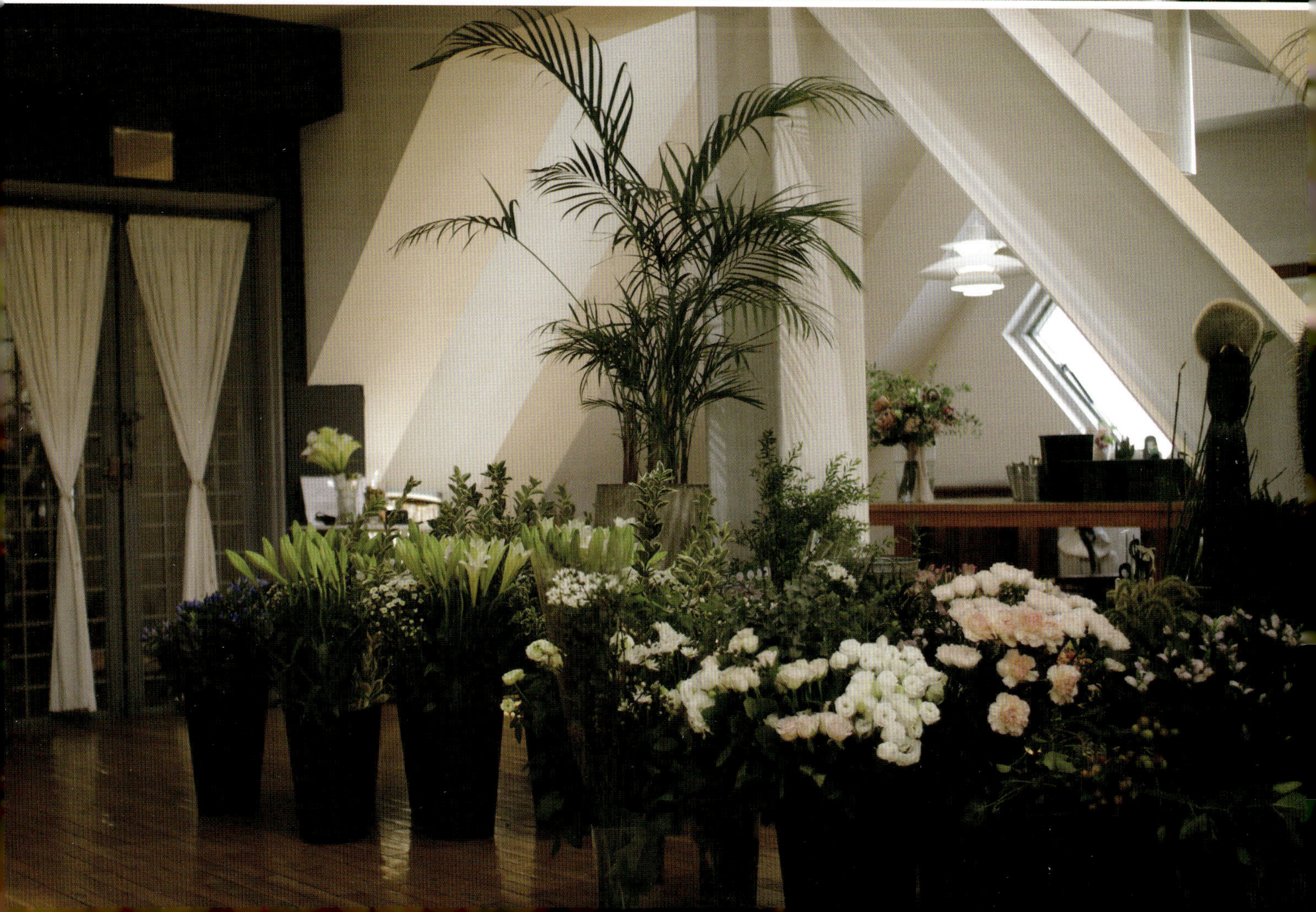

KEIRA FLEUR Flower Course

The Story of KEIRA FLEUR　　　　　　　　　　　　　　　　　　　*The Life of the Florist*

지금의 케이라플레르가 있는 잠실은 네 번째 작업실이에요. 이곳에서도 많은 변화가 있었어요. 수업 커리큘럼, 수업 운영 방식 등도 많이 개편하고, 근무 시스템도 계속 개선하고 있어요. 케이라플레르의 핵심 목표가 전문 플로리스트 육성이기 때문에 좋은 교육 환경과 수업 결과물의 작품성을 높이기 위해 대부분의 자원이 집중되어 있고, 앞으로도 마찬가지일 거예요. 개인적으로는 미국 시장 진출과 온라인 교육 시스템을 도입한 것도 큰 의미가 있다고 생각해요. 미국에서 학생이 한국을 방문해 클래스를 수강한 적은 있지만 저희가 직접 미국 시장에 진출해 강의를 하고, 현지 웨딩 플라워 디자인을 담당한 것도 즐거운 경험이었어요. 앞으로도 다양한 채널을 통해 한국 플로리스트를 알리는 해외 시장을 적극적으로 개척할 생각이에요. 한국에는 실력 있는 플로리스트들이 많이 있고, 이제는 국가 간의 구분이 의미 없을 정도로 전 세계에서 서로의 작품에 영향을 받으며 함께 성장하고 있어요. 이러한 현상은 소셜 미디어의 영향이 매우 크죠. 그동안 여러 한국 플로리스트들이 중국, 인도네시아 등 해외 시장에 성공적으로 진출했던 것처럼, 케이라플레르의 미국 시장 진출도 한국의 플로리스트들이 나아갈 가능성이 될 수 있다고 믿어요.

온라인 교육은 수년 전부터 해외 또는 수도권 외 지역에 거주하는 학생들로부터 지속적인 요청이 있었어요. 케이라플레르가 생각하는 온라인 콘텐츠를 제작하려면 여러모로 많은 투자가 필요한 부분이라 가장 신중히 결정했던 서비스 중 하나에요. 온라인 교육을 시작한 가장 큰 이유는 오프라인 수업에 참석하기 힘든 분들에게 높은 수준의 교육 서비스를 제공하기 위해서예요. 투자할 부분들이 아직 많기 때문에 당장의 수익성은 낮지만, 플로리스트 교육이 간절한 많은 분들을 위해 사명감을 갖고 영상 기획, 촬영, 편집, 플랫폼 디자인까지 직접 진행했어요. 온라인이지만 오프라인 수업과 동일한 수준의 내용이 전달될 수 있도록 저희가 할 수 있는 모든 디테일을 담으려고 해요. 온라인 교육은 케이라플레르의 수업을 필요로 하는 많은 분들에게 의미 있는 서비스라고 확신하기 때문에, 앞으로도 여건이 허락되는 한 지속적으로 다양한 온라인 강좌를 개설할 계획이에요.

꽃은 문화·예술 분야라는 큰 물결 속에서 계속해서 새로운 트렌드를 반영하고 있어요. 케이라플레르는 이러한 흐름에 영향을 받기도 하고, 때로는 영향을 주기도 하면서 끊임없이 변화할 거예요. 꽃 외에도 다양한 분야와 융합해 많은 사람들의 일상이 더 아름다울 수 있도록 앞으로도 노력하겠습니다.

현재의 케이라플레르 작업실. 케이라플레르의 감각을 가장 많이 반영한 공간이다.

KEIRA FLEUR Flower Course

The Story of KEIRA FLEUR *The Life of the Florist*

KEIRA FLEUR Flower Course

The Story of KEIRA FLEUR *The Life of the Florist*

KEIRA FLEUR Flower Course

The Story of KEIRA FLEUR *The Life of the Florist*

예비 플로리스트들에게 하고 싶은 말

꽃을 정말 많이 좋아해주세요

모든 분야가 마찬가지겠지만 꽃 자체를 많이 좋아해야 전문 플로리스트로 성장할 수 있어요. 플라워 디자인은 문화·예술 분야에 가깝다고 생각해요. 너무 사업적인 관점으로 꽃을 접근하기보다는 꽃을 정말 많이 좋아하는 마음이 있는지가 무엇보다 중요해요. 꽃을 사랑하는 마음으로 꾸준히 관련 지식과 테크닉, 감각을 쌓아가다 보면 결국 본인의 디자인을 알아보고 좋아해주는 고객들이 늘어나면서 자연스럽게 수익도 따라와요. 꽃을 배우는 학생 입장이 아니라 실제 생업으로 일을 해보면 플로리스트의 일상이 체력적으로 굉장히 고된 일이라는 것을 알 수 있어요. 플라워 상품 제작을 하는 과정은 그중의 일부일 뿐이에요. 상품 제작 외에도 디자인 구상, 재료 구입, 준비 및 정리 등 제작 과정의 몇 배로 많은 업무량이 숨어 있죠. 그래서 꽃을 정말 좋아하는 마음이 있어야 이러한 모든 과정을 일상에서 즐기며 오랫동안 이 일을 할 수 있어요.

제 경우에는 정말 바쁘게 한주를 일하고 휴일에 잠깐 쉬면, 계속 꽃 생각이 나고 여행을 가도 예쁜 꽃을 보면 잘라서 꽂아보고 싶어져요. 종종 제주도에 여행을 갈 때면 비행기에 생화와 화병을 들고 탑승해요. 숙소에서 조용히 센터피스를 만들어보고, 새로운 환경에서 다양하게 연출을 해보면 영감도 떠오르고 몸과 마음이 굉장히 회복되는 느낌이에요. 꽃 자체를 너무 좋아하다 보니 업무와 개인 생활의 구분 없이 대부분의 일상을 꽃과 함께하는 것 같아요. 저에게는 꽃 자체가 힐링인 셈이죠. 몸살 기운이 있어서 집에서 쉬고 싶다가도 막상 꽃시장에 도착하면 언제 그랬냐는 듯 생기가 돌면서 살아나요. 꽃시장은 하루하루가 새롭고 예쁜 꽃들이 가득해서 시장에 있는 것만으로도 회복되는 느낌이에요.

KEIRA FLEUR Flower Course

The Story of KEIRA FLEUR *The Life of the Florist*

KEIRA FLEUR Flower Course

The Story of KEIRA FLEUR   *The Life of the Florist*

배움을 멈추지 마세요

최대한 다양한 플라워 디자인을 배우고, 실력을 탄탄하게 쌓아주세요. 너무 기초적인 플라워 디자인만 단기간에 배우고 취업을 하거나 플라워 숍을 오픈하면 성장의 기회를 놓치는 경우가 많아요. 플로리스트는 언제나 다양한 요구 사항에 맞추어 가장 아름다운 플라워 디자인과 연출을 할 수 있어야 해요. 꽃다발과 꽃바구니가 일반적으로 많이 판매되지만 숍을 운영하다 보면 기업 행사나 야외 웨딩, 프로포즈 장식, 매장 플랜테리어, 백화점 디스플레이 등 처음 해보는 디자인 의뢰가 들어오는 경우가 있어요. 기본기와 더불어 다양한 응용 디자인, 공간 장식 등을 많이 배우고 익숙한 상태여야 일반적이지 않은 의뢰가 들어왔을 때 기회를 잡을 수 있어요.

이미 꽃을 배우는 단계거나 생업으로 꽃 일을 하고 있더라도 계속해서 트렌드를 파악하고 본인의 디자인에 접목할 수 있도록 배움을 멈추지 마세요. 요즘은 소셜 미디어가 굉장히 발달했기 때문에 마음만 먹으면 얼마든지 요즘 유행하는 플라워 디자인이나 신종 꽃 등을 찾아볼 수 있어요. 꽃뿐만 아니라 아름다운 정원, 인테리어, 건물, 가구 등을 관심 있게 찾아보는 것도 감각을 키우는 데 많은 도움이 될 거예요. 바쁜 일상 속에서도 항상 아름다움과 관련된 트렌드에 관심을 가지고 함께해주세요. 그러다 보면 어느 순간 본인 스스로도 트렌드의 일부가 되었다고 느끼실 거예요.

KEIRA FLEUR Flower Course

The Story of KEIRA FLEUR *The Life of the Florist*

건강을 지키세요

꽃 일을 하다 보면 체력적으로 힘들 때가 많아요. 근무 시간도 길고, 준비 및 정리, 다양한 행정 처리, 하루가 눈 깜짝할 사이에 지나가 버리는 바쁜 일상을 지내다 보면 식사도 거르고 건강이 안 좋아지는 경우가 많아요. 아무리 바빠도 나름의 휴식 시간 등을 정해서 식사를 잘 챙겨 드세요. 정말 열정이 넘치고 업무량이 많아도 쉴 때는 쉬고, 퇴근 후나 휴일에는 체력을 회복할 수 있는 운동도 꼭 하시기를 추천해드려요. 사실 이런 얘기를 하면, 저를 아는 많은 학생들이 웃으실 것 같아요. 저야말로 수년 동안 매일 12시간 이상의 업무량에 밤늦게 집에 가서 첫 끼를 먹는 경우가 많았거든요. 꽃을 정말 좋아하고 전문 플로리스트로 오래 일을 하려면, 마라톤처럼 길게 보고 페이스를 조절할 수 있어야 해요. 건강한 몸을 유지할 수 있도록 계속 노력하세요. 몸이 건강하고 자신만의 휴식 시간을 충분히 가진 후에야 꽃에 대한 새로운 아이디어도 떠오르고, 작품으로도 더 성장할 수 있지 않을까요?

KEIRA FLEUR Flower Course

The Story of KEIRA FLEUR

The Life of the Florist

KEIRA FLEUR Flower Course

The Story of KEIRA FLEUR *The Life of the Florist*

플로리스트의 취미 생활

저는 꽃을 워낙 좋아하다 보니 자연스럽게 꽃과 연관 있는 취미를 여러 개 가지게 되었어요. 꽃은 다양한 분야와 접목될 수 있기 때문에 플로리스트에게 유용한 취미 활동 몇 가지를 소개해드릴게요.

캘리그래피

제가 캘리그래피를 시작한 지는 5년 정도 된 것 같아요. 캘리그래피는 꽃과 함께했을 때 시너지 효과가 굉장히 커요. 플라워 상품과 함께 준비되는 간단한 메시지 카드부터 테이블 연출에 활용되는 메뉴판, 부케에 사용되는 실크 리본에도 캘리그래피를 활용할 수 있어요. 캘리그래피의 기본 과정 정도만이라도 배워두시면 꽃 외에 또 다른 경쟁력이 될 거예요. 저는 영문 캘리그래피만 하고 있지만 취향에 따라 한글 캘리그래피를 배우셔도 굉장히 유용해요

천연 염색

플라워 디자인은 다양한 소품 등과 함께 연출되는 경우가 많아요. 연출할 때 가장 많이 활용되는 소품으로 실크를 빼놓을 수 없죠. 꽃다발이나 웨딩 부케에도 실크 리본을 활용해 마무리하면 더욱 내추럴한 연출이 가능해요. 그런데 꽃 일을 하다 보면 못 쓰게 되는 꽃이나 소재가 종종 생기죠? 이런 경우 버리거나 드라이 플라워로 활용하는 분들도 계신데 꽃을 활용한 간단한 천연 염색을 할 수 있으면 못쓰게 된 꽃들로 굉장히 다양한 색상의 실크를 염색해 활용할 수 있어요. 실제로 케이라플레르에서 플라워 상품, 공간 연출, 태그(tag)에 사용하는 대부분의 실크는 직접 생화로 염색한 것들이에요.

KEIRA FLEUR Flower Course

The Story of KEIRA FLEUR *The Life of the Florist*

도자기 공예

도자기는 요즘 제가 푹 빠져서 배우고 있는 취미 분야에요. 오래전부터 유리 공예, 도자기 공예 등에 관심이 많았는데, 마음에 쏙 드는 화기를 직접 만들어 꽃꽂이하고 싶어 본격적으로 배우기 시작했어요. 많은 플로리스트들이 공감하시겠지만 정말로 마음에 드는 화기를 찾는 건 쉽지 않아요. 도자기를 만드는 일은 연습이 많이 필요하고, 꾸준한 노력이 필요하지만 끈기 있게 노력하면 조금은 서툴더라도 가장 자신의 스타일에 맞는 색감과 형태의 화기를 가질 수 있을 거예요. 자신만의 감성을 녹여 만든 화기에 입힌 플라워 디자인은 그 과정만으로도 충분히 힐링되고, 아름다워요.

인테리어

지금의 케이라플레르 작업실은 그동안 축적된 감각, 연출력 등을 가장 많이 반영한 공간이에요. 아무것도 없는 빈 공간에 벽과 창문을 제작하고, 페인트칠에 가구까지 공간의 대부분을 케이라플레르에서 직접 디자인하고 제작했어요. 책의 사진에 보이는 배경, 작업 테이블 등 거의 대부분의 요소들이 케이라플레르에서 제작한 것들이에요. 개업 후부터 지금까지 인테리어를 따로 의뢰해서 진행한 적이 없다 보니 이제는 웬만한 건 직접 만들어서 쓰는 노하우가 생긴 것 같네요.

플로리스트에게 작업 공간의 아름다움은 굉장히 중요하다고 생각해요. 선생님과 학생들 모두 공간의 인테리어, 가구, 채광, 음악 등 모든 환경으로부터 영감을 얻기 때문에 감각적인 작업 공간을 매우 중요하게 생각해요. 인테리어는 깊게 들어가면 전문 지식과 장비도 많이 필요하고, 무엇보다 소수의 인력으로 간단하게 할 수 없는 힘든 작업이 많아요. 하지만 인테리어에 대한 간단한 지식과 기술만으로도 충분히 감각적인 공간을 만들 수 있어요. 계절이나 해가 바뀔 때쯤 액자나 조명에 변화를 주거나 간단한 가구를 만들어 공간 연출을 하면 그 공간을 찾아오는 많은 분들이 영감을 얻을 수 있고, 이것이 본인의 플라워 디자인에도 좋은 영향을 미쳐요. 게다가 기본적인 인테리어를 할 수 있으면 공간 연출이나 웨딩 데커레이션 의뢰가 들어왔을 때도 경쟁력을 갖출 수 있어요. 일반적인 플라워 상품이 아니라 공간에 대한 복합적인 플라워 연출을 하는 경우, 간단한 목공이나 전원 연결 등을 할 수 있으면 다양한 응용이 가능하기 때문에 결과물의 차이가 굉장히 크죠. 인테리어 전문가 수준까지는 아니더라도 몇 개의 기술만 알고 있어도 본인의 감각을 공간에 충분히 녹여내고 반영할 수 있어요.

KEIRA FLEUR Flower Course

The Story of KEIRA FLEUR 　　　　　　　　　　　　　　　　　　　*The Life of the Florist*

사진 촬영

사진 촬영을 취미로 해보는 것도 추천해드려요. 꽃뿐만 아니라 여행을 가거나 추억으로 남기고 싶은 일상을 예쁘게 사진 속에 담을 수 있다는 건 행복한 일이죠. 대부분의 플로리스트는 플라워 디자인을 할 때 나름의 비율, 컬러 조합, 포컬 포인트 등을 머릿속에 생각하며 디자인하죠. 작품을 바라볼 때 가장 예쁜 각도와 거리감, 강조할 꽃 등은 플로리스트 본인이 아니라면 전문 사진작가도 정확히 사진에 반영하기가 쉽지 않아요. 이 책에 실린 모든 사진도 케이라플레르에서 직접 촬영한 것들이에요. 독자에게 전달하고 싶은 내용을 가장 정확한 시각으로 사진에 담아내고 싶은 마음에 모든 장면을 직접 촬영했어요. 자신의 작품을 가장 잘 이해하는 것도 본인이기 때문에 누군가가 완벽하게 대신해줄 수는 없다고 생각해요. 이 일을 하는 데 사진은 너무나 중요한 부분이기 때문에 저도 언제나 공부하며 연습하고 있어요.

지금까지 제 개인의 취향에 맞는 취미를 간략히 소개해드렸어요. 어떤 취미든 플로리스트 본인이 즐기며 충전할 수 있는 것이라면 분명 무엇이든 좋을 거예요.

283

마지막으로 전하는 말

플로리스트는 잘해야 하는 일들이 굉장히 다양해요. 꽃은 기본이고, 사진 촬영, 연출, 홍보, 행정 등 필수적인 업무도 많은 데다 캘리그래피, 천연 염색, 인테리어 등 어느 정도 할 수 있으면 힘이 되는 것들이 너무 많죠. 하지만 우리는 매일 24시간이라는 시간 속에 살고 있고, 체력적인 한계도 있기 때문에 단기간에 모든 것을 이룰 수는 없어요. 우선 자신만의 목표를 정하고 우선순위를 정해서, 하나씩 또는 몇 가지씩 단계별로 도전해보세요. 이 일은 마라톤과 같기 때문에 페이스를 조절하면서 한 걸음씩 내딛다 보면 조금씩 본인이 생각했던 목표점이 보이게 될 거예요.

꽃을 사랑하는 모든 분들을 응원하며, 행복하시기를 바랍니다.

KEIRA FLEUR Flower Course

The Story of KEIRA FLEUR   *The Life of the Florist*

* 은방울꽃(Lily of the valley)의 꽃말 : "반드시 행복해집니다."

KEIRA FLEUR Flower Course

1판 1쇄 발행 2021년 3월 5일
1판 4쇄 발행 2023년 4월 15일

지은이 김애진
펴낸이 김기옥

실용본부장 박재성
편집 실용2팀 이나리, 장윤선
마케터 이지수
판매 전략 김선주
지원 고광현, 김형식, 임민진

사진 케이라플레르(김애진, 김세준)
디자인 형태와내용사이
인쇄 민언프린텍
제본 우성제본

펴낸곳 한스미디어(한즈미디어(주))
주소 121-839 서울시 마포구 서교동 양화로 11길 13(서교동, 강원빌딩 5층)
전화 02-707-0337 **팩스** 02-707-0198 **홈페이지** www.hansmedia.com
출판신고번호 제313-2003-227호 **신고일자** 2003년 6월 25일

ISBN 979-11-6007-581-6 (13630)

책값은 뒤표지에 있습니다.
잘못 만들어진 책은 구입하신 서점에서 교환해드립니다.